Zu diesem Buch

Ob es sich um ein Auto, eine Waschmaschine, ein Glas Bienenhonig, eine Pauschalreise oder eine Lebensversicherung handelt: Die Qualität der heute angebotenen Produkte ist ungefähr gleich gut, auch bei den Preisen kann niemand zaubern. Wodurch also behaupten sich die Besten am Markt? Ein-Mann-Betrieb, Tante-Emma-Laden oder Weltkonzern – was macht ein Unternehmen auf Dauer erfolgreich? Wie man aus Zufallskäufern zufriedene, ja begeisterte Stammkunden machen kann, verrät dieser pfiffige kleine Ratgeber.

Die Autoren

Kenneth Blanchard studierte Philosophie, Soziologie und Betriebspsychologie. Seinen Doktor erwarb er mit einer Arbeit über Managementtechniken. Weltberühmt wurde er als Ko-Autor der Minuten-Manager-Bücher. Seine Consultingfirma Blanchard Training und Development im kalifornischen Escondido gehört zu den gefragtesten der USA.

Sheldon Bowles war zunächst Journalist, wechselte dann in die Versicherungswirtschaft über, bevor er die Demo Gasoline Corporation übernahm und zum «kundenfreundlichsten Unternehmen» umbaute.

Kenneth Blanchard
Sheldon Bowles

Wie man Kunden begeistert

Der Dienst am Kunden als A und O des Erfolges

Deutsch von
Roswitha Enright

rororo

Rowohlt

Die Originalausgabe erschien 1992 unter dem Titel
«Raving Fans. A Revolutionary Approach to Customer Service»
im Verlag William Morrow and Company, Inc., New York

Veröffentlicht im Rowohlt Taschenbuch Verlag GmbH,
Reinbek bei Hamburg, September 1996

Umschlaggestaltung: Werner Rebhuhn
Gesamtherstellung Clausen & Bosse, Leck
Printed in Germany
1200-ISBN 3 499 60164 8

Dieses Buch ist sieben «Charlies» gewidmet, Fachleuten in Sachen Kundenbetreuung, die uns den richtigen Weg gezeigt haben:

Senator Douglas D. Everett

Gary Heil

Harvey Mackay

Dev Ogle

Tom Peters

Richard Tate

David Watson

Erfolgreiche Organisationen haben eines gemeinsam: Sie konzentrieren sich in erster Linie auf ihre Kunden. Dabei ist unwichtig, ob es sich um ein großes Unternehmen handelt, um eine Arztpraxis, eine Anwaltskanzlei, ein Krankenhaus oder eine Behörde. Erfolg haben die, und nur die, die sich das Wohl ihrer Kunden zur wichtigsten Aufgabe gemacht haben.

Das ist keine besonders neue Erkenntnis. In Firmenbroschüren, in Grundsatzerklärungen, in Jahresberichten, auf Plakaten, in Seminaren und sogar im Fernsehen ist immer wieder vom Kunden als König die Rede. Aber diese Ansicht wird häufiger durch Mißachtung geehrt als beherzigt. In der Tat muß man sagen, daß der Umgang mit den Kunden im allgemeinen sehr zu wünschen übrig läßt.

Und das sollte eigentlich niemanden wundern. Man braucht sich nur anzusehen, wie wir unsere Manager schulen. Während meines Studiums waren zwar Kurse zum Thema Marketing und Kundenverhalten vorgeschrieben. Dabei wurde aber vorausgesetzt, daß es sich bei der Öffentlichkeit um eine hirnlose Herde von Käufern handelte, denen man mit entsprechender Werbung jedes Massenprodukt verkaufen kann. Und leider begegne ich bei meinen Vortragsreisen immer noch zu vielen jungen leitenden Angestellten mit derselben Einstellung. Werbung, wirkungsvolles Plazieren der Produkte und vernünftige Preisstrategien sind wichtig. Aber es läuft letzten Endes alles auf folgendes hinaus: Verkäufe werden nicht getätigt, sondern Produkte und Dienstleistungen werden gekauft.

Und da die meisten Dienstleistungen sehr zu wünschen übrig lassen, steht unsere Wirtschaft vor revolutionären Umwälzungen. Auch wenn wir vielleicht den Zusammenfassungen der eigentlichen Aufgabenstellungen keine Aufmerksamkeit schenken und uns auch nicht danach richten, was auf den Plakaten steht, so wissen wir doch, daß der richtige Umgang mit dem Kunden sehr wichtig ist. Immer mehr Manager in immer mehr Organisationen konzentrieren sich auf die Bedürfnisse des Kunden, und ihr Erfolg sollte uns den Weg weisen.

Vor fünf bis acht Jahren sprach man nur von der Qualität der Produkte, aber wir mußten feststellen, daß Qualität allein nicht genug ist. Heute wird dem Dienst am Kunden zunehmend mehr Bedeutung beigemessen, und wer da nicht mitzieht, wird letzten Endes von dieser Woge überrollt werden und untergehen.

Alle meine Erfolge, sei es in der Geschäftswelt, mit meinen Büchern, meinen Vorträgen und bei den vielen Aufgaben, die ich in freiwilligen Organisationen übernommen habe, lassen sich auf den Dienst am Kunden zurückführen. Ich habe mich immer bemüht, meine Kunden als Individuen zu sehen und ihre spezifischen Bedürfnisse zu verstehen. Ich wünschte, ich hätte *Wie man Kunden begeistert* schon vor Jahren zur Verfügung gehabt. Ken Blanchard hat sich hier selbst übertroffen, und das will wirklich etwas heißen. Zusammen mit seinem Koautor Sheldon Bowles hat er sich ein wichtiges komplexes Thema vorgenommen, hat es bis auf das essentielle Kernstück auseinandergenommen und hat dessen fundamentale Wahrheiten auf einfache, verständliche und lockere Weise dargelegt. **Entscheiden, Herausfinden und Liefern** werden Ihre Wegweiser werden, wie es meine geworden sind, wenn Sie sich vorgenommen haben, Kunden zu *begeisterten Fans* zu machen.

Ich kann mir keine zwei Menschen vorstellen, die besser über dieses Thema schreiben könnten als Ken und Sheldon. Ich kenne beide schon seit mehr als zehn Jahren über die «Young Presidents' Organization», einen Zusammenschluß von Unternehmern und Geschäftsführern, die jünger sind als 40 Jahre, mehr als 50 Angestellte beschäftigen und einen Umsatz von fünf Millionen Dollar haben. Sheldon und ich waren Mitglieder der YPO, und Ken hat seit 1977 Recherchen für diese Gruppe angestellt. Ken war mein Mentor, als ich ernsthaft mit dem Schreiben begann, und er war es, der mich dazu angeregt hat, *Schwimm mit den Haien, ohne gefressen zu werden. Die Kunst, besser zu sein* zu schreiben. Er hat die Gabe, komplizierte Themen auf einen einfachen Nenner zu bringen, und vermittelt Erkenntnisse, die der einzelne sofort praktisch anwenden kann. Sheldon und sein Team haben Domo, eine Tankstellenkette, in dem Sinne organisiert, daß der Dienst am Kunden absolute Priorität hat.

Wie man Kunden begeistert ist zwar unterhaltsam zu lesen, aber die Botschaft, die dahintersteht, ist ausgesprochen ernst. Ich werde dieses Buch für jeden meiner Mitarbeiter der Mackay Envelope Corporation besorgen. Und jeder, der begeisterte Kunden haben möchte und damit Erfolg in der Zukunft, wird das gleiche tun.

Danke, Ken und Sheldon. Es war mir eine Ehre, dieses Vorwort zu schreiben. Und bitte, verratet meiner Konkurrenz nichts von diesem Buch!

Harvey Mackay
Mackay Envelope Corporation

Panik

Das Herz schlug ihm im Hals. Der Bezirksleiter wischte sich die feuchten Handflächen an der Hose ab und ging mit kalten Füßen in seinem neuen Büro hin und her.

Er hatte zwar erwartet, daß er die Last seiner neuen Pflichten deutlich spüren würde. Womit er aber nicht gerechnet hatte, waren die Forderungen, die die Generaldirektorin bei dem letzten Gespräch an ihn gestellt hatte.

Um sich seiner neuen Stellung gewachsen zu zeigen, hatte er ihr versprochen, in seiner Abteilung der Qualität absolute Priorität einzuräumen, Topqualität.

«Gute Idee», hatte sie schnell eingeworfen, «aber nicht gut genug. Qualität kann man daran ablesen, wie gut unser Produkt den Bedürfnissen unserer Kunden entspricht. Das ist allerdings nur ein Teil dessen, was wir für unsere Kunden tun. Wir wollen auch ihre Erwartungen und Wünsche erfüllen.»

Sie fügte ruhig, aber bestimmt hinzu: «Dieses Unternehmen steht und fällt mit dem Dienst am Kunden. Wenn Ihre Vorgänger das begriffen hätten, dann wären sie heute noch hier. Ich erwarte, daß Sie auf dem Gebiet mehr bringen.»

Der neue Bezirksleiter nickte. Von seinen drei Vorgängern war keiner länger als acht Monate hiergewesen. Dabei hatten sie alle drei mehr vom Umgang mit Kunden gewußt als er. Wie könnte er es da besser machen? «Immerhin ist dieses Gefühl der Panik ein Zeichen dafür», sagte er zu sich selbst, «daß ich der Wirklichkeit ins Auge sehe.»

Er ließ sich langsam in den Schreibtischsessel sinken, schloß die Augen und lehnte sich zurück. Wieviel Zeit würde er wohl haben, bevor man auch ihn entließ?

Er saß da und grübelte über seine Zukunft und die Bedeutung des richtigen Umgangs mit Kunden nach, als ein leichtes Hüsteln ihn in seinen Gedanken unterbrach. Er tat das Geräusch als Produkt seiner Einbildung ab und hielt die Augen geschlossen.

Wieder räusperte sich jemand, diesmal anhaltender. Der Bezirksleiter öffnete die Augen und setzte sich aufrecht hin. Zu Anfang konnte er nichts Außergewöhnliches entdekken. Dann sah er den Fremden auf der Couch. Er war sportlich gekleidet, und neben ihm lag eine Golftasche.

«Ach, da sind Sie ja», sagte der Fremde, so als ob er den Bezirksleiter gerade erst bemerkt hätte. Der war so verblüfft über diesen plötzlichen Besucher, daß er nur mühsam herausbrachte: «Wer sind Sie? Und was tun Sie hier?»

«Ich bin Ihre gute Fee», antwortete der Fremde ernsthaft und fügte dann strahlend hinzu: «Ich bin hier, um Ihnen die drei Geheimnisse zu verraten, wie Sie sich begeisterte Fans schaffen und den besten Kundenservice aufbauen können, den man sich vorstellen kann. Außerdem hatte ich gehofft, daß wir vielleicht eine oder zwei Runden Golf spielen könnten.» Er zwinkerte dem Bezirksleiter zu und meinte: «Bei den himmlischen Golfplätzen muß man immer mindestens einen Monat im voraus eine Abschlagzeit reservieren. Sie sind schrecklich überfüllt.»

«Das kann doch alles nicht wahr sein», dachte der Manager. «Ich bin wohl total durchgedreht.»

«Nein, das sind Sie nicht.» Der Fremde konnte offenbar Gedanken lesen. «Nichts ist wirklicher als Ihre gute Fee. Das dürfen Sie nie vergessen.»

«Aber Sie können ja gar nicht meine gute Fee sein», sagte der Manager, «Sie sind doch ein Mann.» Für ihn war das Beweis genug, daß er alles nur träumte.

«Ja, ich weiß, es ist ein wenig ungewöhnlich, aber es liegt an dem Quotensystem.»

«Dem Quotensystem?»

«Ja.» Der Fremde nickte. «Der Job der guten Fee ist von alters her eine weibliche Angelegenheit. Aber unter dem Himmlischen Gesetz der Gleichberechtigung muß ein Anteil dieser Stellen mit Männern besetzt werden. Als ich mich meldete, hat man mich nur zu gern genommen.»

Der Mann hinter dem Schreibtisch kniff die Augen zusammen und schüttelte schnell ein paarmal den Kopf, wie um dieses Bild zu verjagen. Aber als er die Augen öffnete, saß der Fremde immer noch da und winkte ihm fröhlich zu. «Haben Sie denn auch einen Namen, gute Fee?» fragte der Manager resigniert.

«Einen Namen? Ach ja, ich vergesse immer, daß Namen hier so wichtig sind. Man nennt mich im allgemeinen Charlie. Einverstanden?»

«Gut, lassen wir es bei Charlie», sagte der Bezirksleiter und überlegte, wie er diesen Verrückten am besten loswerden könne. «Sie kommen wegen des Kundenservice?»

«So könnte man es wohl ausdrücken», sagte Charlie. «Auf der anderen Seite bin ich auch selbst so etwas wie Dienst am Kunden. Es ist nicht ganz einfach.» Er lächelte und fuhr fort: «Es kommt darauf an, wie man die Sache angeht.»

«Natürlich», sagte der Manager geduldig, als spräche er mit einem kleinen Kind oder einem sehr alten Menschen. «Wie wollen wir anfangen?»

«Mit dem ersten wunderbaren Geheimtip natürlich, der Kunden zu begeisterten Fans macht», sagte Charlie eifrig und fügte dann etwas drängender hinzu: «Können wir diese Unterhaltung nicht in Ihrem Golfclub fortführen?»

Der Manager sah blitzschnell eine Möglichkeit, wie er den Fremden dazu bringen könnte, sein Büro zu verlassen. «Prima Idee! Ich würde sehr gern eine Runde spielen. Gehn wir also.»

Charlie ließ sich nicht anmerken, ob er wieder die Gedanken des Managers hatte lesen können, sondern stand schnell auf. «Wunderbar», sagte er begeistert, «ich habe schon seit Wochen nicht mehr gespielt. Aber ich möchte hier kein Aufsehen erregen. Ich treffe Sie an Ihrem Auto.»

Der Manager ging ohne ein Wort zur Tür und war erleichtert, als Charlie ihm folgte. Als er auf den Flur getreten war, blickte er sich kurz um. Von Charlie war nichts zu sehen, aber eine Stimme sagte: «Enttäuschen Sie mich nicht. Sie treffen mich bei Ihrem Auto.»

Der Bezirksleiter war jetzt entschlossen, der seltsamen Sache auf den Grund zu gehen. Er fuhr mit dem Lift in die Tiefgarage hinunter und ging zu seinem Kabrio. Er war sicher, daß er sein Auto abgeschlossen hatte, aber Charlie saß schon darin, und das Dach war aufgeklappt.

«Hoffentlich macht es Ihnen nichts aus, daß ich mich schon ins Auto gesetzt habe», sagte er fröhlich. «Ich habe vorher noch für uns beim Club reserviert. Meine Schläger sind im Kofferraum, und ich habe schon einmal das Dach aufgemacht. Es ist ein so schöner Tag.»

Der Manager sagte nichts, sondern setzte sich nur hinter das Steuer und fuhr wie benommen los.

«Achtung, wir kommen», rief Charlie lachend, als der Manager die Rampe aus der Garage hinauffuhr und sich in den Verkehr einreihte.

«Meinen Sie nicht, Sie könnten mir allmählich mal erzählen, was sich hier abspielt?» Der Bezirksleiter klang ungeduldig.

«Schlechter Kundenservice», antwortete Charlie. «Nicht nur hier, sondern überall ist der Dienst am Kunden miserabel. Niemand kümmert sich. Unhöflichkeit ist in, und Lächeln scheint eine Sünde zu sein. Und das zeigt sich nirgendwo deutlicher als in Ihrer Firma.»

«Ich weiß», sagte der Manager.

«Und Sie haben keinerlei Idee, wie Sie das ändern können.»

«Auch das weiß ich.»

«Nur Mut, mein Freund! Deshalb bin ich ja da. Aber wie wär's, wenn wir mit dieser Unterhaltung am zweiten Abschlag fortfahren. Ich fahre so gern Auto, habe schließlich nicht sehr oft Gelegenheit dazu. Ich möchte es ungestört genießen. Fahren Sie nur.»

Der Bezirksmanager war zu verblüfft, um zu protestieren. Also fuhr er zu seinem Golfclub, wie Charlie vorgeschlagen hatte.

Beim ersten Abschlag sagte Charlie nur: «Mal sehen, was ich für Ihr Spiel tun kann.» Er zeigte mit dem Schläger den Fairway hinunter und dann auf seinen Golfpartner. Diese Bewegung war so fließend und selbstverständlich, daß niemandem etwas Besonderes daran aufgefallen wäre. Nur der Manager fühlte ein leichtes Kribbeln im Nacken.

Dieses Gefühl war noch da, als er an das Tee trat und einen gewaltigen Drive schlug, der den Ball eine Steigung vor dem Grün hinaufrollen und ihn nicht weit vom Loch zum Stillstand kommen ließ. Die beiden Vierer, die hinter ihnen am ersten Abschlag warteten, klatschten anerkennend, und der Bezirksleiter sah verlegen zu Boden. Ihm war noch niemals vorher ein solcher Drive am ersten Loch gelungen.

Charlie brauchte drei Schläge bis zum Grün. Beide lochten ihren Ball ein. Charlie schien mit seinem Bogey ganz zufrieden, der Manager war von seinem Birdie begeistert.

Wenn Charlie ihm beim richtigen Umgang mit den Kunden ebenso wirkungsvoll helfen konnte wie bei seinem Golfspiel, dann war es dem Bezirksleiter gleichgültig, ob Charlie Schneewittchen genannt werden wollte. Er würde die Hilfe von jedem annehmen, der sie ihm anbot.

«Nicht Schneewittchen», hörte er Charlie hinter sich leise sagen. «Gute Fee. Ich bin schließlich nicht geisteskrank.»

Vor dem zweiten Loch wurden Rohre über den Fairway getragen, und die Spieler mußten pausieren. «Kommen Sie, wir wollen uns ein wenig unterhalten», sagte Charlie und zeigte auf eine Bank, die etwas abseits unter einem Baum stand.

Der Manager setzte sich und blickte den Fremden an. «Und Sie wollen mir jetzt sagen, wie ich meine Kunden zufriedenstellen kann?»

«Ganz und gar nicht», antwortete Charlie.

«Nicht?»

«Auf keinen Fall. Ein zufriedener Kunde zählt heutzutage nicht viel. Als ich vor Jahren in einer Kundendienst-Abteilung arbeitete, da wollte es schon etwas heißen, wenn man seine Kunden zufriedenstellte. Aber heute? Heute muß man sie sich zu begeisterten Fans machen, wenn man Erfolg haben möchte.»

«Ich fürchte, ich kann Ihnen da nicht ganz folgen.» Der Manager sah Charlie zweifelnd an.

«Das ist verständlich. Das war sogar zu erwarten. Sie haben keinen blassen Schimmer. Wenn das nicht so wäre, dann wäre ich ja jetzt nicht hier. Es macht auch wirklich nichts. Sie werden alles begriffen haben, wenn wir fertig sind.

Um es ganz kurz zu machen: Der Dienst am Kunden ist so unter aller Kritik, daß der einzelne schon gar nichts mehr erwartet. Es ist ihm selbstverständlich, daß das Essen im Restaurant lauwarm serviert wird, daß die öffentlichen Toiletten schmutzig sind, daß die Lieferungen immer zu spät kommen, daß die falschen Teile bestellt wurden, daß die Aufträge verlorengehen und daß die Angestellten faul sind.

Kurz gesagt, die Kunden erwarten schlechte Waren und unhöfliche Bedienung. Setze ihnen Schrott vor, und sie werden sich nicht wundern. Es entspricht genau dem, was sie erwartet haben. Solange die Behandlung nicht schlimmer ist, als sie es gewohnt sind, werden sie immer wieder kommen. Sie regen sich schon gar nicht mehr auf. Man kann eine Umfrage abhalten, und sie werden sagen, daß sie zufrieden sind. Es sind zufriedene Kunden. Ha! Zufriedene Schafe würde ich sie nennen.»

Charlie schwieg einen Augenblick und fuhr dann fort: «Der Service sollte bei Ihnen wirklich gut sein. Ihre Kunden werden das aber nicht mehr lange mitmachen. Sie waren bisher nur zufrieden, weil niemand sonst Besseres leistete. Das Motto Ihrer Firma in bezug auf Dienst am Kunden könnte lauten: Nicht schlechter als die Konkurrenz.»

Der Fairway war wieder frei. Charlie stand auf und griff nach seinem Driver.

«Das ist ja nicht besonders schmeichelhaft für meine Firma», sagte der Bezirksmanager und nahm seinen Schläger in die Hand.

«Meiner Meinung nach zeichnet sich Ihre Firma auch durch nichts Besonderes aus», antwortete Charlie. Sie gingen gemeinsam zum Abschlag. «Ich möchte, daß Sie verstehen, daß es heute nicht mehr genügt, ‹zufriedene› Kunden zu haben. Ihre Kunden gehören Ihnen nicht. Sie sind vielleicht jetzt noch bei Ihnen, aber sie werden ohne Zögern woandershin gehen, wenn sie dort besser bedient werden. Und, Sie können mir glauben, in Ihrem Fall muß man nicht besonders gut sein, um sich als besser zu qualifizieren.»

Der Abschlag des Managers mißlang. Charlie schlug einen geraden, weiten Drive, weiter als alles, was der Manager bisher an diesem Loch erlebt hatte.

«Donnerwetter, das war aber ein Schlag», sagte er mit aufrichtiger Bewunderung.

«Ich wollte Ihnen das nicht schon am ersten Abschlag antun, als Ihre Freunde zusahen», sagte Charlie mit einem Lächeln, «also habe ich die Schläge mit Ihnen getauscht. Man kann schließlich nicht seit hundert Jahren bei den ‹Unsterblichen Meistern› spielen, ohne etwas dabei gelernt zu haben.» Charlie wandte sich dem Manager zu. «Wenn Sie wirklich einen Kunden zu ‹Ihrem› Kunden machen wollen, wenn Sie ein blühendes Geschäft aufbauen wollen, dann dürfen Sie die Kunden nicht nur zufriedenstellen wollen, sondern Sie müssen sich begeisterte Fans schaffen.»

«Das klingt gut.» Der Manager sah seinen Golfpartner aufmerksam an. «Aber wie mache ich das?»

«Darum geht es bei den drei Geheimtips für begeisterte Fans.»

«Wunderbar. Worin bestehen sie?»

«Nun mal langsam.» Charlie lächelte. «Wir haben Wochen Zeit, und ich möchte auch erst noch ein wenig Golf spielen. Denken Sie schon einmal darüber nach, was ich Ihnen bisher gesagt habe. Wir können dann nach unserer Runde weiter darüber sprechen. Jetzt wollen wir erst einmal Golf spielen.»

Während des Spiels dachte der Bezirksmanager immer wieder an das, was Charlie gesagt hatte. Er mußte zugeben, daß sein Golfpartner recht hatte. Wo er auch hinblickte, der Umgang mit den Kunden ließ entscheidend zu wünschen übrig. Und das schlimmste war, daß auch er sich beinahe daran gewöhnt hatte und nichts Besseres mehr erwartete. Er war leicht zufriedengestellt, weil er keine hohen Anforderungen hatte. Was hatte Charlie von den Kunden seiner Firma gesagt? Sie waren kurz davor zu revoltieren, auch wenn es ihnen jetzt noch nicht voll bewußt war. Je mehr er darüber nachdachte, desto wahrscheinlicher erschien es ihm.

Was war aber nun mit diesen begeisterten Fans? Ja, was würde es wirklich bedeuten, wenn ein Kunde nicht nur zufrieden, sondern von den Leistungen der Firma begeistert wäre?

Als sie den Golfplatz verließen, sagte Charlie: «Vielen Dank für das Spiel. Es hat mir großen Spaß gemacht. Ich weiß, daß Sie jetzt gern mehr über die drei Geheimtips erfahren würden. Wir wollen nur schnell duschen, und dann kann es losgehen.»

Als sie die Einfahrt des Golfclubs verlassen hatten, dirigierte Charlie den Bezirksmanager durch das Gewirr der Straßen bis zum Einkaufszentrum. Sie parkten das Auto, und Charlie ging zielsicher auf ein kleineres Kaufhaus zu, dessen Namen, «Varley's», dem Manager unbekannt war. Er dachte, daß man eigentlich nur selten ein kleineres Geschäft in einem Einkaufszentrum antraf, wo alle größeren Kaufhausketten vertreten waren.

«Da haben Sie recht», sagte Charlie, der offenbar wieder Gedanken gelesen hatte. «Warum es dieses Geschäft schafft, hat aber einen ganz besonderen Grund. Varley's macht pro Quadratmeter Verkaufsfläche etwa den doppelten Umsatz wie die großen Kaufhäuser. Und Sie werden gleich merken, warum.»

Sie traten durch die Eingangstür, und dem Manager fiel auf, daß sich viele Menschen um die Verkaufstische drängten. Ein älterer Herr in einem blauen Anzug trat lächelnd auf ihn und Charlie zu. «Herzlich willkommen bei Varley's», sagte er. «Darf ich Ihnen eine weiße Nelke anstekken? In unserem Gartenrestaurant können Sie heute auf unsere Kosten Kaffee trinken. Wenn wir Ihnen auf irgendeine Weise behilflich sein können, dann lassen Sie es uns bitte wissen. Wir freuen uns, daß wir Sie bei uns begrüßen dürfen.»

Als die beiden sich ein Stück von dem freundlichen Herrn entfernt hatten, meinte der Manager: «Die Begrüßung war ja eindrucksvoll. Davon könnten sich andere Geschäfte wirklich eine Scheibe abschneiden.»

«Da haben Sie recht», antwortete Charlie. «Jeder gute Kundenservice stützt sich auf ein regelrechtes System von Verhaltensweisen und Maßnahmen. Wir wollen uns das Geschäft einmal genauer ansehen.» Charlie ging den Mittelgang zur Buchabteilung hinunter. «Ihre Frau hat doch nächste Woche Geburtstag. Wollen Sie nicht etwas für sie besorgen?»

Der Manager hatte schon seit Tagen überlegt, womit er seiner Frau wohl eine Freude machen könnte. Wenn Charlie wußte, daß seine Frau Geburtstag hat, dann hätte er doch eigentlich auch wissen müssen, was sie sich wünschte. Er sah ihn fragend an.

Charlie lachte. «Ich weiß schon, was sie sich wünscht. Ich wollte nur sehen, ob Sie es auch wissen. Also, kaufen Sie ihr das neue Buch von Tony Robbins. Das interessiert sie wirklich. Das Problem ist bloß, daß das Buch hier ausverkauft ist und erst morgen wieder neue Exemplare geliefert werden. Aber wir wollen trotzdem einmal zur Buchabteilung gehen und sehen, ob wir eines kaufen können.»

Da er von Charlie ja schon wußte, daß das Buch nicht zu haben sein würde, kam der Manager sich ein bißchen albern vor, als er auf eine der Verkäuferinnen zuging.

Sie lächelte ihm zu und sagte: «Guten Tag. Wie kann ich Ihnen behilflich sein?» Sie trug wie alle Verkäufer eine rote Nelke im Knopfloch, und an ihrem Namensschild konnte der Manager ablesen, daß sie Linda hieß.

Er fragte nach dem Buch.

«Ja, das ist wirklich ein sehr interessantes Buch», sagte Linda. «Ich lese es gerade selbst. Leider haben wir es momentan nicht vorrätig, wir bekommen es erst morgen wieder geliefert. Haben Sie noch andere Besorgungen bei uns zu erledigen?»

«Wir sehen uns nur etwas in Ihrem Geschäft um und werden wahrscheinlich noch 15 bis 20 Minuten hier sein. Warum?» Der Manager sah sie fragend an.

«Dann habe ich genug Zeit», sagte Linda. «Ich habe vorhin ein paar Exemplare in einem Schaufenster einer Buchhandlung hier in der Nähe gesehen. In einer Viertelstunde kann ich das Buch für Sie haben. Darf ich es Ihnen als Geschenk einpacken?»

Der Manager nickte, und als er und Charlie die Buchabteilung verließen, sagte er: «Ich muß zugeben, ich bin von der Hilfsbereitschaft der Verkäuferin beeindruckt. Aber wahrscheinlich wird das Buch nicht gerade billig werden, wenn sie es erst woanders kaufen muß und es dann auch noch für mich hübsch verpackt.»

«Es wird Sie keinen Pfennig extra kosten», sagte Charlie. «Niemand unterbietet Varley's, und die Geschenkverpakkung ist kostenlos.»

Der Manager sah sich um, und es fiel ihm auf, daß ein Teil dieses Stockwerks mit bunten Kindermöbeln ausgestattet war. Dort spielten offenbar Kinder unter der Aufsicht von ein paar jüngeren Leuten, während ihre Eltern bei Varley's einkauften. Er wandte sich wieder seinem Begleiter zu, als Charlie sagte: «Kommen Sie mit zur Rolltreppe. Die Toiletten sind im ersten Stock. Die wollen wir uns als nächstes ansehen.»

Der Manager folgte gehorsam. Offenbar wollte Charlie ihm verschiedene Aspekte dieses erfolgreichen Unternehmens zeigen.

«An den Toiletten kann man immer ablesen, ob einer Firma etwas an ihren Kunden liegt», behauptete Charlie.

Als der Manager durch die Tür des Erfrischungsraumes trat, blieb er erstaunt stehen. Der Raum sah eleganter aus als die Umkleidegemächer seines privaten Sportclubs. An dem sanften Licht, der glänzenden Holzverkleidung und den Waschtischen mit Marmorplatte konnte man erkennen, daß dem Geschäft das Wohl seiner Kunden am Herzen lag. Neben jedem Waschbecken lag ein Stapel weißer Gästehandtücher aus Frottee, und auf einem gläsernen Bord unter den Spiegeln standen viele Flaschen mit verschiedenen Duftwässern und Kosmetika. Ein Mann mit weißem Kittel polierte gerade die Spiegel. Alles war absolut sauber.

«Das sieht doch sehr ordentlich aus», sagte Charlie, drehte sich um und strebte wieder auf die Rolltreppe zu. «Wir sollten gehen.»

Der Manager hielt mit ihm Schritt. «Wie kann Varley's es sich leisten, Nelken auszuteilen, Kaffee anzubieten, für den Kunden Besorgungen zu machen, auf seine Kinder aufzupassen und so gepflegte Toiletten zu haben?»

«Das müssen Sie wohl Leo fragen.»

«Leo?»

«Ja, Leo Varley. Er ist für all das verantwortlich. Er erwartet uns.» Charlie ging auf die Mitte des Erdgeschosses zu.

Als sie schließlich freie Sicht hatten, bot sich dem Manager ein Anblick, den er so schnell nicht vergessen würde. Im Zentrum dieses Stockwerks, durch viele Gänge leicht zu erreichen, stand eine etwas erhöhte Plattform, die einen Durchmesser von etwa sechs Metern hatte und mit Teppich ausgelegt war. Und in der Mitte der Plattform stand ein großer Schreibtisch. Es war offensichtlich, wer der Mann hinter dem Schreibtisch sein mußte. Auf einem großen Schild stand:

Leo Varley
Kann ich Ihnen behilflich sein?
Bitte treten Sie näher.

Charlie ging auf den Schreibtisch zu, und der Manager folgte.

«Ah, da sind Sie ja, Charles!» Leo Varley blickte von seinen Papieren auf. «Und dies muß Ihr Freund sein, von dem Sie mir schon erzählt haben. Setzen Sie sich doch bitte. Willkommen bei Varley's.»

Nachdem man sich gegenseitig bekannt gemacht hatte, mußte der Manager unbedingt fragen, was es mit diesem offenen Büro auf sich hatte. «Ist das der erste Geheimtip, um Kunden zu begeisterten Fans zu machen?»

«Nein, nicht ganz.» Leo Varley lachte. «Obgleich das in meinem Fall sicher dazugehört. Als wir unser Geschäft in dieses Einkaufszentrum verlegten, hatte ich große Bedenken, daß ich nun nicht mehr aus meinem Büro herauskommen würde. Also habe ich mein Büro lieber gleich in das Zentrum des Geschehens verlegt. Und das war einer der besten Einfälle, den ich je hatte.»

Jetzt meldete Charlie sich zu Wort. «Unser Freund hier fragt sich, wie Sie es sich leisten können, Blumen zu verteilen, Spielecken und elegante Waschgelegenheiten einzurichten und dazu noch Ihre Angestellten loszuschicken, um Besorgungen für andere zu machen.»

«Das ist die falsche Frage», sagte Leo bestimmt.

«Die falsche Frage?» Der Bezirksleiter war verdutzt.

«Ja, genau die falsche Frage», bestätigte Leo wieder. «Die eigentliche Frage ist: ‹Wie kann ich es mir leisten, es nicht zu tun?› Wir sind hier bei Varley's, und wir von Varley's handeln nach einer ganz bestimmten Vision, nämlich: Es soll ein Vergnügen sein, hier einzukaufen. Dazu paßt eine Einstellung nicht wie: ‹Blumen sind zu teuer. Ausverkauft. Tut uns leid, aber da können wir Ihnen auch nicht helfen. Und wenn Sie Kinder haben, dann brauchen Sie gar nicht erst herzukommen.›»

«Ich freue mich, daß Sie Ihrer Vision treu bleiben», sagte Charlie.

«Ich kann und will es nicht anders», antwortete Leo. Dann wandte er sich dem Manager zu. «Ich habe gehört, daß Sie den ersten Geheimtip für begeisterte Fans erfahren möchten?»

«Ja.»

«Das ist nicht schwer», sagte Leo, zog eine Schublade auf und hob einen Schmuckkasten heraus. Er öffnete den Deckel des Kästchens und nahm ein goldenes Armband heraus, an dem ein Anhänger in Form eines kleinen Wappenschildes hing.

«Das ist ein Armband für die Eingeweihten. Der erste Geheimtip ist auf dem Anhänger eingraviert. Als Charlie mir die drei Geheimtips beibrachte, schlug ich vor, jedem Kandidaten, der sich dafür interessiert, wie man Kunden zu begeisterten Fans machen kann, ein solches Armband zu schenken. Ihren Arm, bitte.»

Der Bezirksmanager streckte den Arm über den Schreibtisch, und Leo befestigte das Armband um sein Handgelenk. «Lesen Sie mal, was auf dem Anhänger eingraviert ist.»

Der Manager hielt das kleine Schild ins Licht und las:

Die Botschaft enttäuschte ihn. Er hatte sich etwas Magischeres vorgestellt.

«Sie fragen sich jetzt sicher, was das soll, oder?» Leo lächelte.

«Eigentlich schon», sagte der Manager ehrlich.

«Ich würde Ihnen gern diesen Geheimtip näher erklären, aber Charles hat sein eigenes System, wie er dabei vorgeht, und ich habe begriffen, daß es sich lohnt, bestimmten Systemen zu folgen. Stimmt das nicht, Charles?»

«Unbedingt, Leo. Systeme sind eine feine Sache.»

«Da sehen Sie es», sagte Leo fröhlich. «Wir wollen also lieber dem System folgen. Ich kann Ihnen aber zumindest sagen, daß Sie als erstes das tun sollten, was Ihnen Ihr Armband sagt. Entscheiden Sie, was Sie erreichen wollen. Sie dürfen nicht vergessen, daß alles von Ihnen ausgeht.»

«Jetzt sollten wir aber wirklich gehen.» Charlie gab Leo die Hand. «Wir müssen noch unser Buch in der Buchabteilung abholen, und dann wollen wir etwas zu essen kaufen.» Er schob den Manager, der sich kurz von Leo verabschiedet hatte, von der Plattform und wandte sich dann aber noch einmal um. «Sie spielen nicht zufällig Golf?» fragte er schnell.

«Nein, werde ich auch nicht.» Leo lächelte. «Man sagt, es kann zu einer reinen Sucht werden.»

«Na gut.» Charlie entfernte sich und folgte dem Manager in die Buchabteilung. Das Buch war schon hübsch verpackt und kostete keinen Pfennig mehr, als die Verkäuferin selbst bei dem anderen Buchhändler bezahlt hatte.

«Vielen Dank für all Ihre Hilfe», sagte der Manager zu Linda und fügte dann ernsthaft hinzu: «Warum tun Sie das alles für Ihre Kunden?»

Linda war ebenso ernst, als sie antwortete: «Varley's hat es sich zur Regel gemacht, den Wünschen des Kunden wenn möglich nachzukommen. Unser Chef nennt es den ‹Service für begeisterte Fans› und fordert uns auf, selbst die Initiative zu ergreifen. Und das macht Spaß. Ich habe früher in einem anderen Kaufhaus gearbeitet, wo man uns nur wie denkunfähige Maschinen behandelte. Dazu war die Arbeit noch langweilig, und meine negative Einstellung zeigte sich darin, wie ich die Kunden behandelte. Bei Varley's ist es ganz anders. Jetzt kann ich Menschen wirklich helfen und habe Freude daran.

Unsere Vorgesetzten behandeln uns auch ganz anders. Ihnen kommt es nur darauf an, wie wir mit den Kunden umgehen. Bei meiner letzten Stellung ging es nur darum, wieviel man verkaufte, und der Vorgesetzte äußerte sich nur, wenn er unzufrieden war. Hier werden wir gelobt, wenn wir gut verkauft haben, und man hilft uns, wenn wir mal weniger erfolgreich waren. Gehaltserhöhungen und Beförderungen bekommen die, die sich besonders für die Kunden einsetzen. Es ist schön, etwas zu leisten und dann auch die Anerkennung dafür zu bekommen.»

Der Manager bedankte sich wieder und verabschiedete sich.

Auf dem Weg zum Ausgang fiel ihm ein Schild auf, das vor den Umkleidekabinen für Frauen angebracht war. Darauf stand: «Nehmen Sie so viele Teile mit in die Umkleidekabine, wie Sie wollen. Unser Personal ist Ihnen gern bei der Beschaffung anderer Farben und Größen und auch mit Vorschlägen behilflich.»

«Sehen Sie mal», sagte der Manager zu Charlie, «ich muß unbedingt meiner Frau davon erzählen. Das lohnt selbst die größere Entfernung. Sie ärgert sich immer, wenn sie nur zwei oder drei Sachen auf einmal zum Anprobieren mitnehmen darf und sich dann immer wieder zwischendurch anziehen muß, wenn sie weitere Stücke holen will.»

«Höchstens ein Kunde von tausend stiehlt etwas aus der Umkleidekabine», sagte Charlie. «Und am nächsten Tag hängt das Geschäft dann sofort ein großes Verbotsschild auf und stößt die anderen 999 Kunden damit vor den Kopf. Der Dieb lacht sich ins Fäustchen und findet eine neue Möglichkeit, sich kostenlos einzukleiden. Niemand scheint zu überlegen, was es das Geschäft kostet, wenn die ehrlichen Kunden nun nicht mehr so gern dort einkaufen, sondern man denkt nur an den minimalen Schaden durch den einen Dieb. Diese Beschränkungen beim Anprobieren sind ein gutes Beispiel für die falsche Behandlung der Kunden.

Aber nun denken Sie wieder an den ersten Geheimtip, während wir unsere nächste Verabredung einhalten.»

Charlie hatte Leo Varley gesagt, daß sie als nächstes etwas zu essen einkaufen würden, und so wunderte sich der Bezirksleiter nicht, als er nach den Anweisungen seines Begleiters schließlich auf den Parkplatz vor «Sally's Market» fuhr. ***DAS BESTE LEBENSMITTELGESCHÄFT DER WELT*** stand in großen Buchstaben auf einer Seite des Gebäudes.

Dem Manager fielen als erstes die Keramiktöpfe mit üppig blühenden Pflanzen auf, die um den Parkplatz verteilt waren. Er hielt vor einem Schild, neben dem ein junger, freundlicher Mann in Uniform stand.

Wir stellen gern Ihr Auto ab,
damit Ihrem Einkauf bei Sally's
nichts mehr im Wege steht.

stand auf dem Schild.

Der junge Mann in der flaschengrünen Uniform öffnete die Fahrertür. «Herzlich willkommen bei Sally's», sagte er fröhlich. «Ich parke gern Ihr Auto für Sie. Hier ist der Parkschein. Außerdem habe ich hier eine Liste unserer heutigen Sonderangebote. Ich kann besonders die frischen Erdbeeren empfehlen. Sie kommen direkt vom Feld in unser Geschäft und sind also nicht künstlich gereift. Ich habe heute ein paar zu Mittag gegessen, und sie waren sehr gut.»

Es war das erste Mal, daß man den Manager vor einem Lebensmittelgeschäft so begrüßt hatte und er schon eine Liste mit den Sonderangeboten in der Hand hielt, bevor er überhaupt aus dem Auto gestiegen war. Er war noch nie bei Sally's gewesen, hatte aber schon von dem Geschäft gehört. Eine Nachbarin fuhr jede Woche hierher, und der Manager erinnerte sich, daß er zu seiner Frau gesagt hatte, es sei doch verrückt, kilometerweit zu fahren, nur um Lebensmittel einzukaufen. Aber er begann schon jetzt zu verstehen, warum die Nachbarin das tat.

Ein roter Läufer führte vom Stand des Uniformierten bis zum Eingang. «Ich würde gern ein paar frische Erdbeeren kaufen», sagte der Manager zu Charlie, als sie in das Geschäft traten. «Dieser junge Mann verstand seine Sache wirklich. Außerdem mag ich Erdbeeren besonders gern.»

«Beinahe jeder ißt gern Erdbeeren», bemerkte Charlie mit einem Lächeln. «Es hätte nicht viel Sinn, die Kunden bei der Begrüßung gleich auf ein Sonderangebot für Weißkohl oder Schwarzwurzeln hinzuweisen. Kommen Sie, wir holen uns einen Wagen und fangen mit unserem Einkauf an. Sie haben doch Ihre Liste?»

Erst jetzt erinnerte sich der Manager, daß seine Frau ja heute abend erst später nach Hause kommen würde und er versprochen hatte, auf dem Nachhauseweg noch einzukaufen. «Danke, daß Sie mich daran erinnert haben», sagte er, zog die Liste aus der Tasche und ging los, um einen Wagen zu holen.

Das Innere des Geschäftes war geschickt und attraktiv strukturiert und eingerichtet. Die Gänge waren breit, mit Teppichware ausgelegt und gut beleuchtet. Obgleich der Laden offensichtlich gut besucht war, wirkte er nicht überfüllt.

«Ja, es wirkt alles sehr ordentlich», dachte der Bezirksleiter. «Das ist nun schon das zweite Unternehmen. Erst Varley's und dann dies hier. Charlie weiß vielleicht wirklich, was Dienst am Kunden bedeutet.»

«Natürlich», sagte Charlie pikiert. «Aber nun los, machen Sie Ihre Einkäufe!»

In diesem Augenblick wurde der Manager von einer jungen Dame angesprochen. «Guten Tag. Mein Name ist Judy, und ich bin heute nachmittag Ihre Beraterin. Ich kann an Ihrem Gesicht ablesen, daß Sie wahrscheinlich das erste Mal bei Sally's sind?»

«Da haben Sie recht.»

«Wunderbar», sagte Judy erfreut. «Es ist immer besonders schön, einem neuen Kunden zu helfen. Sie können selbstverständlich auch ganz selbständig einkaufen. Aber meine Aufgabe ist es, dafür zu sorgen, daß Sie das Beste für Ihr Geld bekommen, und überhaupt Ihren Einkauf so angenehm wie möglich zu machen. Haben Sie vielleicht eine Einkaufsliste?»

«Ja, die hab ich.»

«Vielleicht kommen Sie einmal kurz zu meinem Schreibtisch hinüber. Ich bin sicher, daß ich Ihnen Zeit und Geld sparen kann.» Judy lächelte und steuerte auf eines von mehreren kleinen Schreibpulten zu, die in einer Reihe standen. Jedes war mit einem Computer ausgerüstet.

Der Bezirksleiter folgte ihr und drehte sich dabei kurz um, um etwas zu Charlie zu sagen. Aber Charlie war nicht mehr hinter ihm, sondern winkte ihm von einem hohen Stuhl neben dem Eingang zu. Über seinem Kopf war ein großes Schild angebracht:

DÜRFEN WIR IHRE SCHUHE PUTZEN? NATÜRLICH GRATIS!

Ein Mann mit einer grünen Schürze war eifrig dabei, Charlies Schuhe auf Hochglanz zu bringen.

«Der Schuhputzdienst ist sicher sehr beliebt», sagte der Manager zu Judy, als er sich setzte.

«Ja, das war Debbies Idee», antwortete sie. «Meistens kommen ja die Frauen zum Einkaufen, aber häufig bringen sie doch ihre Männer mit, wenn sie Hilfe wegen der schweren Taschen brauchen. Und so schlug Debbie vor, doch diesen Schuhputzstand einzurichten. Sie haben recht, dieser Service ist sehr beliebt. So beliebt, daß Debbie befördert wurde. Sie hat allerdings den Dienst am Kunden immer schon besonders ernst genommen. Das muß man hier bei Sally's, sonst wird man nicht befördert.

Aber jetzt lesen Sie mir doch bitte Ihre Einkaufsliste vor. Ich tippe sie in den Computer ein, und dann werden wir sehen, was sich machen läßt. Ich weiß die meisten Code-Nummern der Waren auswendig, Sie können also relativ schnell lesen.»

Der Manager nahm sie beim Wort, und Judys Finger flogen nur so über die Tasten. «Das war's», sagte der Manager und faltete die Liste zusammen. Ein Drucker neben Judy druckte schon die Liste aus.

«Nun wollen wir mal sehen», sagte Judy, als sie die Liste so vor den Manager legte, daß er sie lesen konnte. Sie zeigte mit einem spitzen Bleistift auf die oberste Reihe und erklärte: «Als erstes hat der Computer Ihre Liste so umgestellt, daß Sie möglichst zeitsparend einkaufen können. Wenn Sie den gelben Pfeilen im Teppich folgen, dann kommen Sie erst an den Waren vorbei, die jetzt ganz oben auf Ihrer Liste stehen. Neben jeder Ware ist das günstigste Angebot aufgeführt, das wir in der Kategorie haben. Wenn Sie einen Markennamen genannt haben, dann steht das dabei, ebenso der Preis pro Einheit oder pro 100 Gramm. Falls wir ein besseres Angebot haben als den Markenartikel, dann steht das daneben zum Vergleich.»

«Interessant», sagte der Manager und sah sich die Liste genauer an. «Aber was sind denn hier noch für Waren mit Stern aufgeführt?»

«Das sind Sonderangebote, die nicht auf Ihrer Liste stehen. Die Sterne machen Sie auf besonders günstige Käufe aufmerksam.»

«Wie zum Beispiel heute Erdbeeren?» fragte der Manager.

«Ja, genau, wie die Erdbeeren», sagte Judy und zeigte auf einen der Sterne auf der Liste. Dann deutete sie auf ein anderes Symbol auf der rechten Seite eines Wortes. «Diese Zeichen weisen Sie auf ein Nahrungsmittel mit besonders wichtigen Nährstoffen hin. Wenn dagegen statt dessen ein kleines Quadrat neben dem Wort steht, wie hier bei Butter, dann handelt es sich um Waren mit wenig Nährwert oder einem hohen Fettgehalt. Ganz rechts steht dann noch, wieviel Gramm Fett in dem Nahrungsmittel enthalten sind, und der Prozentsatz der Kalorien, die durch das Fett geliefert werden. Die ‹Heart Association› und die ‹Cancer Society› empfehlen ja beide, daß man möglichst weniger als 30 Prozent der Kalorien aus dem Fett in der Nahrung beziehen soll.»

«Ja, ich sehe schon, warum sich neben der Butter ein Quadrat befindet.» Der Manager nickte. «100 Prozent der Kalorien kommen ja schließlich vom Fett.»

«Ja, Butter hat etwa denselben Nährwert wie Maschinenöl.» Judy lachte. «Aber trotzdem habe ich gern ein wenig flüssige Butter auf meinem Popcorn.»

Der Manager stand auf, um mit den Einkäufen zu beginnen. Er fragte: «Nehmen viele Ihrer Kunden diesen Dienst in Anspruch?»

«Ungefähr 25 Prozent, würde ich sagen», antwortete Judy. «Besonders die mit einer langen Einkaufsliste. Und meistens sind sie dann ganz begeistert. Manche unserer Kunden tippen ihre Liste lieber selbst ein. Dafür sind diese anderen Computer da.» Sie wies auf mehrere Computer, die nicht weit von der Eingangstür standen.

«Sehen Sie sich Ihre Liste noch einmal genauer an», fuhr Judy fort. «Der Strichcode am unteren Rand des Blattes wird von der Kasse abgelesen und teilt uns mit, daß Sie ein neuer Kunde sind. Ab da wird unser Computer automatisch registrieren, welche Waren Sie häufig einkaufen. Dann werde ich Sie bald darauf aufmerksam machen können, welche Ihrer Lieblingsmarken zur Zeit im Sonderangebot sind, auch wenn Sie dieses Mal nicht auf Ihrer Einkaufsliste stehen.»

Der Manager nickte beeindruckt. «Und noch etwas», sagte Judy, «wenn Sie wollen, können Sie auch unser automatisiertes Berechnungssystem verwenden.»

«Automatisiertes Berechnungssystem?» Der Manager zog fragend die Stirn in Falten.

«Ja. Auf allen verpackten Waren finden Sie einen Zettel mit einem Strichcode wie diesen hier.» Sie zeigte dem Manager ein dünnes Stück Pappe, etwa 2 cm lang und breit. «Sie brauchen es nur von dem Karton abzuziehen, es geht leicht ab, und es dann mit dem Code nach oben in diese flache Schale auf der Seite des Einkaufswagens zu legen. Der Kassierer wird dann diese Code-Zettel in eine spezielle Ablesevorrichtung schieben, und in ein paar Sekunden sind die Preise für Ihre verpackten Waren schon addiert.»

«Das hört sich gut an.» Der Manager nickte anerkennend.

«Ja, es funktioniert gut, und die Kunden finden, daß es schneller geht. Heute kann der Kunde auch Obst und Gemüse selbst abwiegen und bekommt dafür einen Zettel mit einem Strichcode.»

«Müssen Sie nun hin und wieder Stichproben machen, um zu sehen, ob die Kunden auch ehrlich sind? Eigentlich könnte man doch ganz leicht so einen Zettel in die Tasche stecken.» Der Manager sah Judy fragend an.

«Wenn wir die Waren verpacken, schieben wir einige über den Streifen-Abtaster, um uns zu vergewissern, daß der Preis mit dem des abgezogenen Strichcodes übereinstimmt. Allerdings machen wir das nicht, um unehrliche Kunden zu ertappen.» Judy lächelte. «Wir wissen, daß unsere Verluste auf diesem Gebiet sehr viel geringer sind als die anderer Lebensmittelmärkte. Unsere Kunden sind ehrlich. Wir prüfen auf diese Weise nur hin und wieder, ob unsere Geräte einwandfrei arbeiten. Das beruhigt nicht nur uns, sondern auch unsere Kunden.»

«Das glaube ich wohl.»

Judy blickte ihn freundlich an. «Ich wünsche Ihnen einen guten Einkauf. Falls Sie noch irgendwelche Fragen haben, wenden Sie sich bitte an den Leiter der entsprechenden Abteilung. Er hilft Ihnen gern.»

«Haben Sie sehr herzlichen Dank», sagte der Manager aufrichtig und strebte dann mit seiner neuen Liste auf den ersten gelben Pfeil zu.

«Ich sehe, Sie haben sich mit einer der Kundenberaterinnen unterhalten.» Charlie war wieder zu ihm getreten.

«Ja, und Sie haben sich die Schuhe putzen lassen.»

«Sehen sie nicht wie neu aus?» Charlie sah liebevoll auf seine blanken Schuhe. «Aber jetzt wollen wir einkaufen.»

«Nach Ihnen», sagte der Manager gutgelaunt und ging hinter Charlie her.

Bald lagen die gewünschten Waren im Einkaufskorb, und der Manager ging auf die Kasse zu. Die neu organisierte Liste war eine große Hilfe gewesen. Mehrere Male hatte er eine gesündere Alternative gewählt, weil das von ihm aufgelistete Nahrungsmittel einen höheren Fettgehalt hatte. Außer den Erdbeeren hatte er noch zwei weitere Sonderangebote gekauft. An der Kasse gab es keine Schlangen. Das automatisierte Ablesen funktionierte schnell und gut, und bald schob der Manager seinen Wagen auf den Ausgang zu.

Plötzlich hörte er einen Freudenschrei, und als er sich umdrehte, sah er eine Frau in einem flaschengrünen Jackett auf ihn und Charlie zustürzen. Mit ein paar Schritten war sie bei ihnen und umarmte Charlie stürmisch.

«Charlie, du alte Fee. Wo hast du so lange gesteckt? Wie schön, dich wiederzusehen. Was hast du vor? Kommt doch in mein Büro.» Sallys Worte überschlugen sich geradezu, als sie beide Männer vor sich her ins Büro schob und über ihre Schulter rief: «George, sei so gut und stelle diesen Wagen an einen sicheren Platz. Und bringe uns bitte etwas Kaffee.» Sally lächelte ihren Besuchern zu. «Er ist wirklich mein bester Kellner.»

«Glauben Sie ihr kein Wort», sagte Charlie, «George ist ihr Bruder. Sie haben sich schon immer gegenseitig aufgezogen.»

George trat ins Büro. Er trug ein Tablett mit einer Kanne Kaffee und ein paar Bechern. «Hier ist Ihr Kaffee, Madam», sagte er mit einem Lächeln. «Während Sie die Königin des Kundenservice spielen, werde ich bescheiden den Kunden beim Einpacken ihrer Waren helfen.» Er riß sich die Kappe mit einer großartigen Geste vom Kopf und ging mit einer tiefen Verbeugung rückwärts aus dem Büro.

Der Bezirksleiter hatte dieser Vorstellung verwundert zugesehen. Die ganze Atmosphäre hatte überhaupt nichts Geschäftsmäßiges. Bei Leo und seinem «offenen» Chefbüro hatte er ein ähnliches Gefühl gehabt.

«Da haben Sie recht», hörte er Charlie leise neben sich sagen. «Auf der anderen Seite sind rein geschäftsmäßig orientierte Unternehmen, wie Sie sie vielleicht nennen würden, nicht gerade wegen ihres Kundenservice berühmt. Varley's und Sally's Market sind es.»

Der Bezirksleiter nickte langsam und wandte sich dann an Sally. «Sie kennen Charlie offenbar.»

«Ja, natürlich.» Sally lachte. «Charlie hat mich vor acht Jahren vor dem sicheren Bankrott gerettet. Er ist die beste gute Fee, die eine Frau nur haben kann.»

«Er ist Ihre gute Fee?»

«Ja, schon seit acht Jahren. Man muß sich erst ein bißchen an ihn gewöhnen, nicht wahr?»

«Da haben Sie recht.» Der Manager seufzte.

«Keine Sorge, Sie schaffen es.» Sally drehte sich zu Charlie um und sagte: «Ich nehme an, daß du mit deinem Freund hier schon bei Leo warst und daß ich ihm jetzt sagen soll, wie der erste Geheimtip für begeisterte Fans anzuwenden ist?»

«Ja, wie immer.» Charlie nickte lächelnd.

«Haben Sie das schon häufiger gemacht?» fragte der Manager.

«O ja, aber noch lange nicht oft genug. Jeder Mensch hat eine gute Fee, aber die zeigt sich nicht bei jeder Gelegenheit. Man muß sie wirklich brauchen und ihre Hilfe dann auch akzeptieren können.»

«Sagen Sie, ist Charlie auch Leos gute Fee?»

«Selbstverständlich», antwortete Sally. «Leo glaubt daran, daß Charlie ihm helfen kann. Und er weiß auch, daß er Hilfe braucht. Das Problem ist, daß die meisten Menschen glauben, sie brauchen keine Hilfe. Ihre Kunden sind ihnen nicht besonders wichtig. Wenn Ihnen Ihre Kunden aber im wesentlichen gleichgültig sind, dann können Sie Ihrer guten Fee auch nicht begegnen, wenigstens nicht, wenn Charlie Ihre gute Fee ist.»

«Mir bedeuten meine Kunden viel», sagte der Manager. «Wenigstens glaube ich das. Aber ich weiß wirklich viel zuwenig darüber, wie man Kunden zufriedenstellen kann.» Charlie stöhnte und rollte mit den Augen.

«Entschuldigung, ich meine, wie man Kunden zu begeisterten Fans machen kann.» Der Manager lächelte etwas verlegen. «Zufriedene Kunden ist nicht gut genug, was, Charlie?»

«Gut, ich verzeihe Ihnen, aber ich bin von Ihrer Einstellung noch nicht besonders beeindruckt», sagte Charlie mißmutig.

«Machen Sie sich nichts daraus.» Sally lächelte ermutigend. «Charlie erschien hier eines Tages zusammen mit einer anderen guten Fee, die mir sagte, daß Charlie nun schon seit beinahe hundert Jahren Depressionen wegen der miserablen Kundenbetreuung hat. Aber er ist wirklich ein lieber Kerl, nicht, Charlie?»

Der Manager hätte schwören können, daß Charlie rot geworden war.

Sally fuhr fort: «Charlie, trink deinen Kaffee, und denke ans Golfspielen. Dein neuer Freund und ich haben zu tun.»

Der Manager lächelte und blickte Sally erwartungsvoll an.

«Sie kennen den ersten Geheimtip: *Entscheide, was du erreichen willst.* Jetzt wollen Sie sicher wissen, was Sie mit diesem Motto anfangen können.»

«Ja, das möchte ich gern», sagte der Manager eifrig.

«Wenn Sie sich entschieden haben, was Sie erreichen wollen, dann müssen Sie sich eine *Vision von Perfektion schaffen, die sich auf den Kunden konzentriert.*»

«Eine Vision von Perfektion schaffen...», wiederholte der Manager langsam.

«Ja. Von Ihnen muß alles ausgehen. Es kommt nur darauf an, was Sie im Hinblick auf das, was Sie erreichen wollen, für vollkommen halten.» Sally blickte den Manager lächelnd an. «Beachten Sie, es heißt nicht, daß Sie perfekt *sein* müssen. Es geht nur darum, daß Sie sich eine perfekte Kundenbetreuung *vorstellen* können.»

«Also, ich nehme an, ich kann mir wohl irgend etwas vorstellen. Aber, um ganz ehrlich zu sein, diese Vision-Geschichten klingen für mich immer ein bißchen bizarr», sagte der Manager zögernd.

«Das hört sich vielleicht so an», sagte Sally bestimmt. «Aber es handelt sich dabei wahrscheinlich um den besten und praktischsten Ratschlag, den Sie je bekommen werden.»

«Das klingt ja vielversprechend.» Der Manager war überrascht. «Erzählen Sie mir mehr davon.»

«Am besten gehe ich da vielleicht von meinen eigenen Erfahrungen aus», meinte Sally. «Also, ich übernahm dieses Geschäft gut ein Jahr bevor ich Charlie kennenlernte. Ich hatte eine riesige Hypothek aufgenommen und bewegte mich langsam, aber sicher auf den Bankrott zu.

Ich versuchte, Profit zu machen, indem ich Obst und Gemüse verkaufte, das an manchen Tagen schon reif für den Komposthaufen gewesen wäre. Ich glaubte einfach, ich könnte es mir nicht leisten, es wegzuwerfen. Ich schämte mich für meinen Laden, und ich wußte, daß ich die Kunden besser behandeln müsse, wenn ich Erfolg haben wollte. Aber ich wußte nicht, wie ich es anstellen konnte. Da erschien Charlie.

Ich erfuhr den ersten Geheimtip, wie man sich Kunden zu begeisterten Fans macht, und entschied, was ich erreichen wollte. Dazu nahm ich mir viel Zeit, setzte mich in eine Ecke, wo ich ungestört war, und malte mir aus, wie nach meinen Vorstellungen ein perfektes Lebensmittelgeschäft aussehen sollte. Ich malte mir genau aus, wie die Kunden behandelt werden würden. Schließlich war es soweit, ich sah meinen Traumladen in allen Einzelheiten vor mir, wenn ich die Augen schloß.

Ich wußte jetzt genau, wie die Kunden bei mir bedient werden würden. Ich konnte vor meinem inneren Auge sehen, wie sie ankamen, die Blumen auf dem Parkplatz, der Angestellte, der die Autos für die Kunden parkte und ihnen von den neuesten Sonderangeboten berichtete. Ich sah die Kundenberater mit ihren Computern, wie sie den Kunden bei der Auswahl halfen und sie auf gesunde Alternativen hinwiesen. In jeder Abteilung sah ein Manager nach dem Rechten, der den Kunden jederzeit zur Verfügung stand. In der Obst- und Gemüseabteilung gab es natürliches Licht, damit die Farben nicht verfälscht wurden. Ich hatte ein Hilfsprogramm eingerichtet, wobei älteren Kunden junge Helfer zur Verfügung standen, die Kleingedrucktes für sie lesen und schwere Waren für sie in die Wagen heben konnten. Der Boden war mit Teppichen ausgelegt, und die vielen Kassen waren zum Teil automatisiert, damit die Kunden selten, wenn überhaupt an der Kasse warten mußten. Es schien mir ungeheuerlich, daß Kunden warten mußten, um dem Geschäft ihr Geld zu geben! Bei Sally's würde es das nicht geben.

Ich hatte alles ganz deutlich vor Augen. Es war nur eine Vorstellung, aber sie war vollkommen. Jede Einzelheit war durchdacht und mir so gegenwärtig, als sei sie schon Wirklichkeit. Das war es, was ich erreichen wollte. Und der Ursprung dieses Bildes lag in meinem eigenen Inneren.»

«Was für eine großartige Vision!» Der Bezirksleiter war beeindruckt.

«Kein Wunder.» Sally lächelte. «Ich hatte das perfekte Lebensmittelgeschäft geschaffen, wo nichts unmöglich war, allerdings bisher nur in meinem Kopf. Diese Vision habe ich stets vor Augen. Ich weiß immer, was ich eigentlich erreichen will, damit ich mein Ziel nie aus den Augen verlieren kann.

Wenn Sie diese Vision ganz klar vor sich sehen, dann müssen Sie dieses Bild wie eine durchsichtige Schablone über Ihre Organisation legen und sehen, wo Vision und Wirklichkeit nicht übereinstimmen. An diesen Stellen müssen Sie dann arbeiten.»

Sally drehte sich nach Charlie um: «Und wie habe ich es bisher gemacht, Boß? Oder bist du mit den Gedanken gerade auf dem Golfplatz?»

«Du hast Wunder gewirkt, Sally, wirklich!» Charlie nickte ihr zu.

Und da wurde dem Manager klar, daß dieser Geheimtip, der Leo und Sally geholfen hatte, auch für ihn wichtig sein konnte.

«Wenn ich nun also meine Vision habe und sie mit dem tatsächlichen Stand der Dinge vergleiche, was kann ich dann tun?» Der Manager war jetzt richtig aufgeregt.

«Erst einmal brauchen Sie eine Vision», sagte Charlie. «Aber wir wollen gehen. Sally hat auch wieder zu tun.»

Als sie sich verabschiedeten, lud Sally den Manager ein, sie jederzeit wieder einmal zu besuchen. «Ich würde Ihnen gern, soweit ich kann, behilflich sein.»

Charlie und der Bezirksleiter holten sich ihren Einkaufswagen ab und gingen zum Parkplatz. Ihr Auto stand in kurzer Zeit vor ihnen, sie luden ihre Einkäufe ein und machten sich auf die Heimfahrt. Der Manager war immer noch ganz begeistert von Sally's Market. «Ich kaufe oft ein, aber es war noch nie so einfach und hat noch nie soviel Spaß gemacht wie hier. Dazu habe ich durch die Sonderangebote noch Geld gespart. Vielleicht bin ich ja zu einem begeisterten Fan geworden.» Er grinste.

«Das glaube ich schon», sagte Charlie. «Aber jetzt sollten Sie einmal über *Ihre* Firma nachdenken und über das, was *Sie* da erreichen möchten.»

«Das werde ich auch.» Der Manager nickte. «Erfahre ich dann den zweiten Geheimtip?»

«Wir werden sehen», sagte Charlie und lachte. Dann wurde er wieder ernst. «Ich werde Sie in ein paar Tagen anrufen. Vielleicht können wir dann wieder eine Runde Golf spielen.»

Der Manager wollte gerade antworten, als er sah, daß der Sitz neben ihm leer war. Der Schock, daß Charlie fort war, war größer als der Schock, als Charlie so plötzlich aufgetaucht war. «Ich habe ihn verloren», dachte er verzweifelt.

«Erst, wenn Sie das Golfspielen aufgeben», hörte er Charlies Stimme dicht an seinem Ohr. «Das heißt selbst dann nicht. Gute Feen stehen immer zur Verfügung, wenn sie gebraucht werden. Nur keine Sorge, ich werde mich melden.»

Eine große Ruhe überkam den Manager, als er an dem Abend nach Hause fuhr. Seine Frau wunderte sich, daß er so weit gefahren war, nur um bei Sally's einzukaufen, war aber mit seinen Einkäufen sehr zufrieden. Ihr Mann lächelte nur. Noch würde er niemandem von Charlie erzählen. Er brauchte erst selbst noch Zeit, um ganz zu begreifen, was da geschehen war.

Die nächsten Tage im Büro waren für ihn besonders produktiv. Er achtete bei allem immer darauf, wann die Kunden das Produkt seiner Firma verwendeten. Er war noch weit davon entfernt, die perfekte Vision vor sich zu sehen, aber er wußte jetzt doch schon sehr viel besser, wie sein Kundenservice einmal aussehen sollte.

Er wußte auch, daß er sich begeisterte Fans schaffen wollte. Zufriedene Kunden waren nicht mehr genug. Er kannte bereits den ersten geheimen Ratschlag: ***Entscheide, was du erreichen willst***. Und er wußte, daß er als nächstes eine klare Vorstellung davon gewinnen mußte, wann immer der Kunde das Produkt verwenden konnte. Diese Vision mußte er dann mit der Wirklichkeit vergleichen, um zu sehen, wo etwas zu verändern war.

Ein paar Tage später klingelte morgens das Telefon. «Wie wäre es mit einer Runde Golf?» sagte eine vertraute Stimme.

«Sehr gern.»

«Gut, ich hole Sie heute mittag ab», sagte Charlie. «Warten Sie vor der Tür auf mich. Ich bin heute dran zu fahren.»

Pünktlich um zwölf fuhr Charlie vor. «Mit dem Golf wird das jetzt nichts», sagte er, als der Manager einstieg. «Wir haben zuviel zu tun. Es tut mir leid. Aber wenn ich nur spielen und nicht arbeiten würde, dann wäre ich eine schlechte gute Fee.»

Nichts, was Charlie tat oder sagte, konnte den Manager mehr überraschen. Er wußte auch, daß es keinen Sinn hätte, nach dem zweiten Geheimtip zu fragen oder nach dem Ziel ihrer Fahrt. Charlie würde ihm schon zu gegebener Zeit alles erzählen, was er wissen mußte.

Bald hielt Charlie vor einer Fabrik an. In der Eingangshalle fielen dem Manager viele Schilder, gerahmte Zertifikate, Auszeichnungen und Briefe auf, die an der Wand hingen. Viele stammten offenbar von Kunden, die die Firma wegen Qualität und Pünktlichkeit der Lieferungen lobten. «Lieferant des Jahres» stand da.

Ein paar Minuten später begrüßte er Bill, den Firmenchef, in seinem Büro. Es überraschte ihn nicht, daß Charlie auch Bills gute Fee war, aber es wunderte ihn, daß Bill, Geschäftsführer eines wichtigen Betriebes, der zu einem großen Konzern gehörte, so bereitwillig zugab, daß er eine gute Fee hatte.

«Er fragt sich, wie du das Vorhandensein deiner guten Fee so nüchtern akzeptieren kannst», sagte Charlie als erstes zu Bill und demonstrierte damit wieder seine verwirrende Fähigkeit, Gedanken zu lesen.

«Also, ich mache es nicht unbedingt publik», gab Bill zu. «Aber ich weiß, daß auch Sie nicht hier wären, wenn Sie nicht die Fähigkeit und Bereitschaft hätten, an die Möglichkeit zur Veränderung zu glauben. Was haben Sie denn nun bisher gelernt?»

«Charlie hat mir beigebracht, daß ich meine Kunden begeistern muß. Zufriedenheit allein ist zuwenig. Ich habe auch gelernt, daß ich entscheiden muß, was ich erreichen will. Dann stelle ich mir vor, wann überall und wo immer der Kunde unser Produkt verwenden kann.» Der Manager sah Bill ins Gesicht. «Wenn Sie bereit sind, mir weiterzuhelfen, dann würde ich jetzt gern den zweiten Geheimtip für begeisterte Fans erfahren.»

«Es klingt wirklich, als seien Sie soweit.» Bill nickte. «Der zweite Geheimtip hat mit dem Markt und dem Produkt selbst zu tun. Drehen Sie nur den Anhänger an Ihrem Armband um, und lesen Sie, was darauf steht.»

Der Manager war sicher, daß die andere Seite des kleinen Schildes leer gewesen war, als Leo ihm das Kettchen am Arm befestigt hatte. Aber er sagte nichts, sondern drehte den Anhänger um.

Der Manager war wieder ein bißchen enttäuscht. Was er las, verstand sich doch eigentlich von selbst.

Finde heraus, was der Kunde will

«Bill, wie wäre es, wenn du unseren Freund hier darüber aufklärst, was es mit dem zweiten Geheimtip auf sich hat.» Charlie nickte ihm aufmunternd zu.

«Das tue ich gern», sagte Bill. «Sie müssen nur herausfinden, was der Kunde wirklich will, wie seine Vision aussieht, müssen die mit der Ihren vergleichen und an Ihrer Vision Veränderungen vornehmen, sofern sie von der des Kunden abweicht.»

«Nun mal langsam», sagte der Manager. «Wenn meine Vision der des Kunden sowieso entsprechen muß, warum habe ich mir erst soviel Mühe gegeben, mir meine eigenen Vorstellungen zu machen?»

«Das ist eine gute Frage», meinte Bill. «Drei Dinge müssen Sie lernen. Sie können die Vision des Kunden doch nur verstehen, wenn auch Sie Ihre eigenen Vorstellungen haben. Nehmen wir einmal an, Sie wollen ein Restaurant aufmachen, in dem es die besten Salate der Welt geben soll. Wie können Sie sich aber mit Ihren Kunden über den besten Spinatsalat unterhalten, wenn Sie nicht selbst eine Vorstellung davon haben, wie ein solcher Salat aussehen soll. Der Kunde hat vielleicht bestimmte Ideen, aber wenn Sie denen Ihre eigenen nicht entgegensetzen können, haben Sie eigentlich keine Ahnung, was der perfekte Spinatsalat ist.

Die Vision des Kunden hat nur im Zusammenhang mit Ihrer eigenen Vision Bedeutung. Außerdem konzentriert sich die Vorstellung des Kunden vielleicht nur auf einen oder zwei Aspekte. Ihre eigene Vision muß dann die Lücken füllen.

Und dann müssen Sie auch noch wissen, wann Sie einfach ignorieren müssen, was der Kunde möchte, und ihn notfalls woandershin schicken.» Bill schwieg und sah den Manager lächelnd an.

Dem kam die Idee, den Kunden wegzuschicken, absolut ketzerisch vor. «Man schickt den Kunden doch nicht einfach fort!» protestierte er.

«Nur, wenn seine Vision so anders ist als Ihre, daß kein Kompromiß möglich ist.»

«Dies ist doch der Kurs, wo ich lernen soll, Kunden zu begeisterten Fans zu machen?» fragte der Manager verunsichert. «Wenn ich meinen Kunden plötzlich sage, daß sie woandershin gehen sollen, dann kann mich auch meine gute Fee nicht mehr retten.»

«Sie werden sich bald selbst retten können», beruhigte ihn Charlie und wandte sich dann an Bill: «Kläre ihn doch noch über den Rest auf.»

«Es handelt sich ja nicht darum, seine Kunden wegzuschicken», sagte Bill, «sondern Sie müssen verstehen, daß Ihre Kundenbetreuung ein echter Bestandteil Ihres Produktes werden muß, genauso wie jede Schraube und jeder Pinselstrich Farbe. Niemand würde versuchen, einen Sportwagen zu konzipieren und zu bauen, der auch als Geländewagen und gleichzeitig als Transportfahrzeug zu verwenden wäre. Wer sich um einen guten Kundenservice bemüht, meint aber immer noch, er muß es jedem zu jeder Zeit und in jeder Beziehung recht machen. Und das funktioniert nicht.»

«Ich muß zugeben, ich habe immer geglaubt, eine gute Kundenbetreuung bestünde darin, dem Kunden jeden Wunsch von den Augen abzulesen», sagte der Manager.

«Nur, sofern dieser Wunsch in Ihre Vision von einem guten Service paßt», antwortete Bill. «Ich habe gehört, Sie waren bei Sally's? Hat man Ihnen geholfen, die Tüten in Ihren Wagen zu laden?»

Der Manager überlegte einen Augenblick. «Nein, und das ist eigentlich merkwürdig. In dem Laden, wo wir sonst einkaufen, wird das getan.»

«Sie waren wahrscheinlich von dem beeindruckt, was Sally an Kundenbetreuung geboten hat, denn in ihrem Bereich strebt sie danach, es besser als jeder andere zu machen. Wenn man aber einmal darüber nachdenkt, es gibt vieles, was bei Sally's nicht geboten wird.» Bill machte eine kleine Pause und fuhr dann fort: «Zum Beispiel kann man bei ihr keine Maschinen zum Teppichreinigen mieten, sie verkauft keinen frischen Fisch, und Filme kann man bei ihr auch nicht entwickeln lassen. Andere Lebensmittelmärkte bieten diese Dienste an, und trotzdem sagen Sallys Kunden, daß ihr Service besser ist als irgendwo sonst. Wenn Sie aber nun frischen Fisch kaufen oder einen Teppichreiniger mieten wollen, dann müssen Sie woandershin gehen. Diese Dienste sind nicht Teil von Sallys Vision. Sie sagt also, wenn auch indirekt: ‹Gehen Sie dafür woandershin.›»

«Vielleicht glauben Sie, daß Sallys Vision irgendwie unvollkommen ist», fügte Charlie hinzu. «Aber sie bemüht sich ständig um Verbesserungen, um ihren Vorstellungen von Perfektion näherzukommen. Und solange das Geschäft den ganzen Tag lang gut besucht ist, fehlt auch nichts an ihrer Vision.»

Der Bezirksleiter saß eine Minute lang schweigend da und überlegte. Es stimmte, die Unternehmen, bei denen seiner Meinung nach der Service besonders gut war, hatten ihre Leistungen auf einen bestimmten Bereich beschränkt. Es gab vieles, was sie eigentlich tun konnten, aber nicht taten. «Deshalb brauche ich also erst meine eigene Vision», fragte er, «damit ich weiß, in welchem Bereich ich den Dienst am Kunden überhaupt vornehmen will?»

«Die Vorstellungen des Kunden können Ihre Vorstellungen ein wenig verschieben, aber wenn Sie keine eigene Vision haben, dann wissen Sie auch nicht, wo die notwendigen Grenzen zu ziehen sind.»

Charlie, der der Unterhaltung interessiert gefolgt war, fügte hinzu: «Zweierlei von dem, was Bill gesagt hat, ist sehr wichtig: Nur wenn Sie selbst eine Vorstellung haben, bevor Sie mit dem Kunden sprechen, können Sie auch seine Wünsche verstehen. Außerdem können Sie mit Ihrer Vision seine ergänzen, damit ein vollständiges Bild entsteht.»

«Ich habe verstanden. Wie kann ich nun herausfinden, welche Vorstellungen meine Kunden haben?» fragte der Manager.

«Das ist eine gute Frage.» Bill schmunzelte. «Wir verwenden hier eine ganz raffinierte Methode, die Charlie mir vor Jahren beigebracht hat.»

Der Manager beugte sich gespannt nach vorn. «Ja?»

«Wir fragen die Kunden.»

«Sie fragen sie?»

«Ja, ist das nicht eine wunderbare Idee?» sagte Bill begeistert. «Und es funktioniert phantastisch. Wir fragen sie, und dann hören wir genau zu, was sie sagen, auch auf das, was sie nicht sagen. Erst einmal aber müssen Sie wissen, wer Ihre Kunden sind.»

«Wer meine Kunden sind?» Der Manager wußte nicht, was Bill meinte.

«Ja. Nehmen wir einmal unser Unternehmen hier. Was wissen Sie zum Beispiel von unserer Firma?»

«Eigentlich gar nichts», gab der Manager zu.

«Gut, also ganz kurz: Wir stellen Metallteile her, die andere Hersteller dann für ihre Produkte verwenden. Wir machen zum Beispiel Metallgehäuse für eine Computerfirma. Wer ist also unser Kunde?»

«Ich würde sagen, die Computerfirma», antwortete der Manager. «Aber wahrscheinlich ist die Antwort komplizierter.»

«Da haben Sie recht. Sagen Sie mir, wer bei der Computerfirma unser Kunde ist.»

«Ich vermute, Ihr eigentlicher Kunde ist der Einkäufer der Firma.»

«So weit, so gut», sagte Bill. «Aber jeder, der mit dem Produkt zu tun hat, ist eigentlich ein Kunde. Wie ist es zum Beispiel mit den Ingenieuren, die dauernd irgendwelche Veränderungen an dem Produkt vornehmen? Wie ist es mit der eigentlichen Produktionsabteilung, die die Gehäuse verwendet?»

«Ja, Sie haben recht.» Der Manager nickte. «Sie haben drei verschiedene Kunden, die Einkäufer, die Ingenieure und den Betrieb.»

«Wenn es nur so einfach wäre!» Bill seufzte. «Wie ist es mit dem Arbeiter, der die Gehäuselieferung annimmt? Wenn Sie Ihre Waren auf Paletten verschicken, die sein Gabelstapler nicht gut fassen kann, dann können Sie sich vorstellen, wessen Waren immer als letzte verladen werden. Dann gibt es noch die Buchhaltung, die eine spezielle Steuernummer für jede Rechnung braucht, ohne die die Rechnung nicht bezahlt werden kann. Die Vorstellungen des Buchhalters sind auch nicht außer acht zu lassen.»

«Das sind ja eine Menge Kunden», sagte der Manager.

«Und das ist noch nicht alles. Der Besitzer der Computerfirma hat natürlich auch noch seine ganz bestimmten Vorstellungen. Dann die Abteilung für Qualitätskontrolle, die schon gern einmal mit einem Taschenmesser an unseren Gehäusen kratzt, um zu sehen, wie gut die Farbe ist. Sie sehen...» sagte Bill und schüttelte den Kopf, «all diese Menschen haben mit unserem Produkt zu tun, sind also alle unsere Kunden.»

«Und die Käufer und Benutzer der Computer sind eigentlich ja auch Ihre Kunden», sagte der Manager.

«Ganz richtig. Jeder, angefangen vom Einkäufer bis zu der Person, die das Produkt schließlich verwendet, ist Kunde, und Ihre Vision muß jeden von ihnen berücksichtigen, oder Sie werden Ihre Kunden nie zu begeisterten Fans machen.»

Der Manager nickte. Ja, er verstehe jetzt, daß es nicht leicht sein würde, zu wissen, wer zu den Kunden zählt.

«Ja, aber zu entdecken, was der Kunde wirklich will, ist auch häufig schwierig», sagte Bill.

«Was ist also Ihr Erfolgsgeheimnis?»

«Man braucht ein geschultes Ohr», antwortete Bill. «Man darf über dem Text nicht die Musik vergessen. Häufig kann man aus dem, was gesagt wird, nicht unbedingt erkennen, was der Kunde will. Manchmal sagt er etwas, meint aber etwas ganz anderes.»

«Was denn zum Beispiel?»

«Zum Beispiel kann es Ihnen passieren, daß der Einkäufer Ihnen sagt, seiner Firma käme es nur auf den Preis an und Sie sollten also möglichst schon Ihren Bleistift spitzen, um Kürzungen beim Kostenvoranschlag vorzunehmen. Dabei sind die eigentlichen Prioritäten Qualität und pünktliche Lieferung. Oder der Besitzer der Computerfirma sagt, daß das Gehäuse etwas außergewöhnlich aussehen soll. Sie wissen aber, daß er eigentlich ein Gehäuse haben will, das dem des meistverkauften Computers möglichst ähnlich sieht, ohne daß man ihn deshalb verklagen kann. Das meine ich damit, wenn ich sage, man muß nicht nur auf das gesprochene Wort, sondern auch auf die Zwischentöne achten.»

Der Manager nickte. «Ich verstehe jetzt, was Sie meinen. Mir ist so etwas auch schon passiert, aber bis mir aufging, daß Melodie und Text zweierlei waren, war es meistens schon zu spät. Ich werde in Zukunft besser darauf achten.»

«Und das ist noch nicht alles», sagte Bill. «Sie müssen noch lernen, wie man die zwei Fallen beim Anhören der Kunden vermeidet.»

«Zwei Fallen?»

«Eigentlich sind es drei», lachte Bill. «Aber über die erste haben wir gerade gesprochen: Der Kunde sagt eine Sache, meint aber etwas ganz anderes. Es bleiben noch zwei übrig: gut und Schweigen.»

«Womit fangen wir an?» fragte der Manager.

«Mit Schweigen. Sagen Sie mir, sind Sie in letzter Zeit als Kunde mal unzufrieden gewesen?»

«Spielt Charlie gerne Golf?» Der Manager lachte. «Diese Frage ist wohl überflüssig. Soll ich Ihnen von der schlechten Bedienung und dem kalten Essen in der letzten Woche erzählen?»

«Es interessiert mich mehr, wie Sie reagiert haben.»

«Ich habe das kalte Essen gegessen, ich hatte Hunger.»

«Haben Sie sich beschwert? Haben Sie darauf bestanden, mit dem Geschäftsführer zu sprechen?» fragte Bill.

«Nein, das habe ich nicht. Ich war zu dem Zeitpunkt schon so ärgerlich, daß ich noch nicht einmal die Karte zur Beurteilung von Essen und Bedienung ausgefüllt habe, die auf dem Tisch lag.»

«Ich bin da ganz genauso», sagte Bill. «Auch wenn ich nicht zufrieden bin, fülle ich diese Karten nie aus, und ich beschwere mich auch nicht. Und warum nicht? Das ist ganz einfach. Ich glaube, daß das überhaupt nichts nützt.»

«Richtig», stimmte der Manager zu. «Es ist eine Zeitverschwendung. Niemand liest doch diese Karten, und folglich wird auch nichts verändert. Wenn sie sich ernsthaft um guten Service Gedanken machten, dann würde das Essen gar nicht erst kalt serviert werden.»

«Daraus können Sie doch nur lernen», sagte Bill.

«Lernen? Was denn?»

«Sie sollten daraus lernen, daß auch Schweigen schon eine Botschaft ist und im allgemeinen keine positive.»

«Ich sehe, worauf Sie hinauswollen.» Der Manager nickte.

«Dann können wir ja zur zweiten Lektion übergehen. Bleiben wir einmal beim Restaurant. Beinahe noch schlimmer als Schweigen ist folgendes: Sie waren mit dem Essen nicht zufrieden, wenn aber die Kellnerin beim Zahlen oder der Ober beim Hinausgehen fragt, wie es Ihnen geschmeckt habe, sagen Sie ‹gut›.»

Der Manager lächelte. «Ich fürchte, da haben Sie recht. Ich sage meistens automatisch ‹gut», auch wenn es nicht so war.»

«Da sind Sie nicht der einzige. Wir haben wohl aus Erfahrungen gelernt, daß es den anderen eigentlich egal ist, oder wir wollen kein Aufsehen erregen, es ist uns peinlich, und außerdem will doch sowieso keiner wirklich wissen, was wir denken.» Bill nickte verständnisvoll.

«Ganz richtig», sagte der Manager. «Letzte Woche zum Beispiel bekamen wir eine Lieferung wichtiger Teile mit zweiwöchiger Verspätung. Noch bevor wir die Kisten geöffnet hatten, wußten wir schon, daß unsere Qualitätskontrolle wie üblich acht Prozent aussondern würde. Der Vertreter dieser Zulieferfirma war gerade erst gestern wieder bei uns, und ich habe nichts gesagt. Ich glaube einfach, daß es seiner Firma gleichgültig ist. Aber ich hätte trotzdem etwas sagen sollen. Wenn unsere eigenen Kunden uns so behandeln wie ich unsere Lieferfirmen, dann werden wir nie erfahren, was die anderen von uns denken.»

«Ganz richtig», sagte Bill. «Wenn ein Kunde sich beschwert, wissen Sie, daß er unzufrieden ist. Hören Sie gut zu. Wenn ein Kunde von Ihrem Service begeistert ist und das ausdrückt, dann hören Sie ihm auch zu. Wenn ein Kunde aber schweigt oder höflich lächelnd okay sagt, dann müssen Sie wirklich die Ohren spitzen. Irgend etwas ist nicht in Ordnung, und zumindest dieser Kunde gehört nicht zu Ihren begeisterten Fans.»

«Sie meinen, daß ich besonders aufmerksam sein muß, wenn der Kunde nichts sagt?»

«Sie müssen immer besonders aufmerksam sein. Aber vor allen Dingen lehnen Sie sich nicht beruhigt zurück, wenn der Kunde schweigt oder lächelt und okay sagt», warnte Bill.

«Wie kann man denn bei Schweigen besonders aufmerksam sein?» fragte der Manager.

«Zuerst müssen Sie sich klarmachen, daß Schweigen oder ein Okay Ihnen schon etwas sagen wollen, und Sie müssen genauere und ernsthafte Fragen stellen.»

«Ernsthafte Fragen?»

«Natürlich», sagte Bill. «Vergessen Sie nicht, der Kunde hat aus Erfahrungen gelernt, daß Sie eigentlich gar nicht wissen wollen, was er denkt und fühlt. Wenn Sie also eine ehrliche Antwort von ihm wollen, müssen Sie ihm erst das Gefühl vermitteln, daß Sie an seiner Meinung großes Interesse haben.»

«Das ist sicher nicht ganz einfach», warf der Manager ein.

«Ja, manchmal muß man sich schon ein bißchen Zeit nehmen, um eine gute Unterhaltung in Gang zu bringen. Aber dann wird der Kunde spüren, daß Sie es ernst meinen, und wird auch ehrlich reagieren. Das wichtigste ist erst einmal, daß Sie erkennen, daß Schweigen oder auch ein höfliches ‹Gut› Ihnen etwas sagen sollten.»

Der Manager dachte darüber nach, was Bill gesagt hatte, und sah dabei aus dem Fenster. Der Himmel hatte sich verdunkelt, und es hatte zu regnen angefangen.

«Bloß gut, daß wir nicht zum Golf gegangen sind, Charlie», sagte er. «In der Wettervorhersage haben sie nichts von Regen gesagt.»

«Das ist aber kein Grund, sich jetzt viel Zeit zu lassen», meinte Charlie.

Bill nickte ihm zu. «Man kann ja nicht wissen, ob es nicht bald wieder hell wird und man dann doch noch eine Runde spielen könnte, nicht wahr, Charlie?»

«Ja, nun», Charlie schmunzelte, «es wäre doch eine Schande, die Sonne nicht auszunützen, die in 47 Minuten wieder scheinen wird. Ich schlage vor, wir beeilen uns ein bißchen. Wir brauchen von hier bis zum Platz auch etwa eine halbe Stunde.»

«Ich bin richtig froh, daß wir beinahe fertig sind», sagte Bill zu dem Manager. «Ich hätte nicht den Mut, Charlie vom ersten Abschlag zurückzuhalten.»

«Ich auch nicht.» Der Manager lachte. «Sagen Sie mir nur schnell, wenn ich also dem Kunden aufmerksam zugehört habe und weiß, wie seine Vorstellungen aussehen, wie kann ich die dann mit meiner Vorstellung zusammenbringen? Das kommt mir doch ziemlich schwierig vor.»

«Wieder eine gute Frage und auch genau das, was ich noch mit Ihnen besprechen wollte. Sie haben ja nicht zwei vollständige Visionen, aus der Sie dann eine machen wollen. Das geht alles schrittweise vor sich. Sie kennen Ihre eigene Vision vielleicht ziemlich gut, aber die Vorstellungen des Kunden werden Sie nur Stück für Stück aus ihm herausbekommen. Und die passen Sie dann in Ihre Vision ein oder verwerfen sie.

Als ich zum Beispiel dieses Unternehmen hier übernahm, hatte ich eine ganz bestimmte Vorstellung von einem perfekten Unternehmen. Ich konnte die Augen schließen, mich zurücklehnen und in Gedanken durch Gänge und Hallen laufen. Ich schuf mir so etwas wie einen Film von meiner perfekten Firma in meinem Kopf und hatte den Eindruck, daß ich jederzeit in diesen Film eintreten und das perfekte Unternehmen erleben konnte. Kunden kauften nicht nur unsere Produkte, sondern sie kamen auch mit ihren Schwierigkeiten und Sonderwünschen zu uns. Unser Team konnte da helfen, wo die Konkurrenz versagt hatte. Statt nur einen Vorschlag zu machen oder eine Lösung aufzuzeichnen, überraschten wir unsere Kunden mit Prototypen, die genau demonstrieren konnten, wozu wir in der Lage waren.» Bill lächelte dem Manager zu und fuhr dann fort: «Ich hatte eigentlich eine ziemlich genaue Vorstellung von allem, bevor ich mit den Kunden sprach. Es stellte sich heraus, daß die Vorstellungen der Kunden in manchem sehr unvollkommen waren. Viele von ihnen legten besonderen Wert auf zwei oder drei Aspekte des Produktes. Ich erinnere mich an einen Kunden, dem es unglaublich wichtig war, welche Farbe wir benutzten.»

«Nur die Farbe?» fragte der Manager.

«Sicher war ihm auch anderes nicht unwichtig, aber an erster Stelle stand die Farbe. Und das ist nicht untypisch. Die meisten Kunden legen auf einen Aspekt des Produktes besonderen Wert. Das müssen Sie herausfinden und dann erfahren, welche Vorstellungen der Kunde auf diesem Gebiet hat. Wenn Sie so die Vision des Kunden Stück für Stück entdecken, dann ist es nicht schwer, diese Teilvorstellungen in Ihre eigene Vision einzubauen oder eben auch zu verwerfen.»

Der Manager nickte. «Wenn ich es mir recht überlege, ich weiß genau, was Sie mit enggefaßten Vorstellungen des Kunden meinen. Im letzten Sommer verbrachten wir ein paar Tage in einem Hotel, und mein siebenjähriger Sohn mochte die Spaghetti nicht, die dort im Restaurant serviert wurden. Der Kellner durchschaute das Problem und sagte zu ihm: ‹Wenn du morgen hier wieder zum Essen kommst, dann werde ich die gleiche Spaghettisauce für dich haben, die deine Mutter für dich macht.› Am nächsten Abend begrüßte der Kellner den Jungen mit: ‹Ich habe heute die richtigen Spaghetti für dich.› Er hatte meine Frau gefragt und die gleiche Spaghettisauce besorgt, die wir zu Hause essen. Er hatte sogar das Glas mitgebracht, um es unserem Sohn zu zeigen. Offenbar gehörten zufriedene Kinder und Eltern in die Vision, die der Restaurantbesitzer von seinem Restaurant hatte.»

«Das ist eine gute Geschichte, die eine interessante Wahrheit über die Vorstellungen von Kunden beleuchtet», sagte Bill. «Häufig ist die Vision, die der Kunde hat, für ihn um so wichtiger, je eingeschränkter sie ist. Wenn man Spaghetti essen will, die so schmecken sollen wie bei Mutter zu Hause, dann kann man keinen Kompromiß akzeptieren.»

«So langsam wird mir klar, wie wichtig die Vorstellungen der Kunden sind, selbst wenn sie sich auf einen kleinen Bereich beschränken», sagte der Manager.

«Die unmittelbare Vision wirkt vielleicht begrenzt, aber eigentlich sind die Kunden schon an dem Ganzen interessiert», sagte Charlie. «Die meisten haben nur noch nicht über Ihre Firma als Ganzes nachgedacht, sondern denken einstweilen nur an bestimmte Bereiche. Deshalb ist es auch leicht, ihre Wünsche mit dem entsprechenden Teil Ihrer eigenen Vision in Einklang zu bringen. Es kommt aber im Grunde darauf an herauszufinden, was der Kunde wirklich will. Dazu müssen Sie auch auf die Zwischentöne achten. Und so wären wir genau wieder da, wo wir angefangen haben. Wir haben den Kreis geschlossen», sagte Charlie und schaute sehnsüchtig aus dem Fenster. Der Regen hatte aufgehört.

«Und apropos Zuhören, ich höre, wie mich die 18 Löcher rufen. Ich glaube, wir haben noch Zeit für ein Spiel», fuhr Charlie fröhlich fort. «Wir sind hier doch jetzt fertig, dann können wir genausogut zum Golfplatz fahren.»

Als sie sich verabschiedeten, hatte der Manager eine letzte Frage an Bill. «Wie bleiben Sie auf dem laufenden, was den Dienst am Kunden in Ihrem Bereich angeht? Und hängen Gehaltserhöhungen und Beförderungen davon ab, wie Ihre Angestellten Ihrer Vision nachkommen?»

«Natürlich», sagte Bill, «für jede Abteilung und für jeden Mitarbeiter wird monatlich ein Bewertungsbogen, ein sogenannter Begeisterte-Fans-Index, erstellt. Dazu sprechen wir mit den Kunden und verwenden interne Bezugspunkte wie Aufarbeitungen und Pünktlichkeit der Lieferungen. Jeder unserer Mitarbeiter kennt seinen Kunden genau. Meistens ist ‹sein Kunde› derjenige, dem er zuarbeitet, sei es in Form eines Memos, eines Formulars oder eines Teils des Produktes. Manchmal haben unsere Mitarbeiter aber auch zusätzlich Kunden außerhalb des Betriebes zu betreuen. Ihre Bewertung hat viel mit dem Dienst an ‹ihren› Kunden zu tun. Und da Beförderungen und Gehaltserhöhungen von der Bewertung abhängen, sind sie eng mit der Qualität der Betreuung von internen und externen Kunden verknüpft.»

«Das ist wirklich interessant», sagte der Manager.

«Ja, und es kommt der Firma und ihren Mitarbeitern zugute.» Bill lächelte.

«Wenn Sie nicht für Ihre eigenen Leute sorgen, dann werden auch Ihre Kunden nicht gut betreut werden», sagte Charlie. «Wenn Sie aber Ihre Mitarbeiter gut behandeln, wenn Sie sie loben und sie auch für gute Arbeit belohnen, dann wird ihnen der Dienst am Kunden selbstverständlich sein.» Charlie schwieg und sagte dann mit fester Stimme: «Das sagt einem doch der gesunde Menschenverstand.»

Als Charlie und der Manager das Auto erreichten, brach die Sonne durch die Wolken. Der Manager fragte, ob sie erst zu Bill gefahren seien, statt Golf zu spielen, weil Charlie irgendwie gewußt hatte, daß es gleich regnen würde. Charlie sagte nichts, sondern lächelte nur und zog die Augenbrauen hoch, als wolle er sagen: «Wie kommen Sie nur auf diese Idee!»

Eine halbe Stunde später waren sie beim Golfplatz und machten auch bald ihren ersten Abschlag. Dieses Mal war keine Zauberei im Spiel, Charlies Ball landete kurz vor dem Grün, der Ball des Managers in einem Sandbunker auf halber Strecke.

Charlie dachte offenbar nicht mehr an Kundenbetreuung, sondern konzentrierte sich nur auf sein Golfspiel. Das war dem Manager nur recht. Er hatte an diesem Nachmittag viel gelernt und brauchte jetzt etwas Zeit, um das Ganze noch einmal in Ruhe zu durchdenken und zu überlegen, wie er herausfinden könnte, was die Kunden seiner Firma wirklich wollten.

Er hatte sich schon ein paar Bereiche überlegt, wo er Verbesserungen vornehmen wollte, merkte aber jetzt, daß seine eigenen Vorstellungen sich vielleicht nicht mit denen seiner Kunden deckten. Er mußte erst einmal einen Weg finden, ein gutes Feedback von seinen Kunden zu erhalten, und dann mußte er lernen zu verstehen, was sie mit oder ohne Worte ausdrücken wollten.

Als sie den Golfclub verließen, trug Charlie dem Manager auf, sich ein paar Tage mit dem zu beschäftigen, was er gelernt hatte. «Wenn Sie meinen, daß Sie für den dritten Geheimtip bereit sind, dann rufen Sie mich an.»

«Anrufen? Haben Sie denn Telefon?»

«Das ist nicht nötig. Wenn Sie mich brauchen, nehmen Sie nur den Hörer ab, und Sie werden mit mir sprechen können.»

«Na gut», sagte der Manager. «Noch eins, da Sie jetzt hinter dem Steuer sitzen, kann ich damit rechnen, daß Ihr Verschwinden dieses Mal weniger ungewöhnlich sein wird?»

«Ich lasse Sie dort raus, wo Sie eingestiegen sind», versprach Charlie.

Der Manager stand am Bordstein und sah zu, wie Charlie wieder anfuhr. Dann war das Auto verschwunden, nicht um die Ecke und nicht im Verkehr, sondern es hatte sich einfach in nichts aufgelöst. Aber keiner der Umstehenden schien etwas gemerkt zu haben.

Der Manager starrte auf die leere Straße und schüttelte den Kopf. Es war wie bei einem Film, in dem Comic-Figuren und richtige Menschen nebeneinander vorkommen. Solange man den Film ansieht, kommt einem das nicht besonders ungewöhnlich vor. Hinterher allerdings fragt man sich, wie man so etwas als normal hinnehmen konnte.

Am nächsten Morgen fand er einen Briefumschlag auf seinem Schreibtisch. Darin steckte ein Blatt Papier mit den Worten:

«Comic-Figuren... Richtige Menschen!! Dafür schulden Sie mir eine Runde Golf. Rufen Sie mich an, wenn Sie soweit sind. Charlie.»

Der Manager lächelte vor sich hin und drückte dann auf den Knopf der Sprechanlage. «Leslie, bitte rufen Sie alle Ressortchefs meiner Abteilung an, und berufen Sie eine Sitzung für 14 Uhr ein. Auf der Tagesordnung wird nur ein Punkt stehen: Kommunikation mit den Kunden. Danke.»

In den nächsten Tagen war der Bezirksleiter intensiv damit beschäftigt, seine ganze Abteilung darauf einzustimmen, den Kunden viel Aufmerksamkeit zu widmen. Bei den Befragungen stellte sich heraus, daß es unter den Kunden zwar keine begeisterten Fans gab, daß aber auch nur drei Prozent etwas Negatives über die Firma oder den Service zu sagen hatten.

«Das ist doch eigentlich ganz gut», meinte der Verkaufsleiter.

«Ich fürchte, da irren Sie sich», antwortete sein Chef. «Unter unseren Kunden gibt es keinen einzigen begeisterten Fan. Es könnte doch sein, daß 97 Prozent unserer Kunden so resigniert haben, daß sie es nicht einmal für sinnvoll halten, sich zu beschweren oder uns zu sagen, wo wir Fehler machen. Ich habe Ihnen schon vorher geraten, nicht nur auf die Worte, sondern auch auf die Zwischentöne zu achten. Vielleicht sind die Kunden nur noch bei uns, weil sie im Moment noch nichts Besseres gefunden haben. Sie werden aber gehen, sobald sie eine andere Möglichkeit sehen.» Der Bezirksleiter machte eine Pause und fuhr dann fort: «Es gibt viel zu verändern.»

In den nächsten Wochen war der Manager ein paarmal in Versuchung, Charlie anzurufen, aber er wußte, daß er eigentlich mit den ersten beiden Geheimtips schon genug zu tun hatte. Er begann zu verstehen, was hinter den Worten seiner Kunden stand, was sie wirklich wollten, und baute diese Informationen in seine eigene Vision vom perfekten Service ein. Er hatte jetzt so viel Vertrauen in seine Vision, daß er seinen Ressortchefs davon erzählte, und er konnte sehen, daß auch sie über diese neue Herausforderung froh waren.

Man hatte ihn gewarnt, daß seine Vorstellungen und die seiner Kunden über die Verwendung des Produktes möglicherweise voneinander abweichen würden. Er war dennoch überrascht, wie groß die Unterschiede in gewissen Punkten waren.

Er hatte ebenfalls erkannt, daß es Kunden gab, deren Erwartungen so weit außerhalb seiner eigenen Vorstellungen lagen, daß er sie nie zufriedenstellen konnte. Man sollte ihnen höflich mitteilen, daß das, was sie verlangten, nicht Teil des Service war. Statt mehr Zeit und Aufmerksamkeit auf Kosten der eigentlichen Vision mit ihnen zu verschwenden, wollte er ihnen vorschlagen, woandershin zu gehen.

Trotz all dieser neuen Erkenntnisse fühlte der Bezirksleiter ganz deutlich, daß ihm immer noch ein Teil des Puzzles fehlte. Er würde Charlie anrufen. Es schien ihm albern zu glauben, daß er nur den Hörer abnehmen müsse und daß Charlie dann am anderen Ende der Leitung sein würde. Wieviel einfacher wäre es, wenn Charlie einfach spüren würde, daß er ihn brauchte, und plötzlich wieder bei ihm auf der Couch sitzen würde, neben sich die Golftasche. Aber die Couch blieb leer, und so griff der Manager nach dem Hörer. In dem Augenblick klingelte das Telefon.

«Hallo», sagte er zögernd.

Charlies Stimme drang an sein Ohr. «Ich dachte schon, Sie melden sich überhaupt nicht mehr. Es ist doch ideales Golfwetter. Aber Sie sind so mit Ihren Kunden beschäftigt, daß Sie keine Zeit mehr für alte Freunde haben.»

«Sie haben doch gesagt, ich soll anrufen, wenn ich soweit bin. Und bisher war das noch nicht der Fall.»

«Aber so behandelt man doch seinen Golfpartner nicht!» sagte Charlie mit gespielter Empörung. «Ich habe doch nicht gesagt, daß wir nicht zwischendurch Golf spielen können, auch wenn Sie sich noch darin üben, Ihren Kunden richtig zuzuhören. Wie wäre es denn? Wollen wir heute nachmittag spielen?»

«Das paßt mir gut», antwortete der Bezirksleiter. «Soll ich Sie abholen, oder kommen Sie hier vorbei?»

«Ich werde Sie abholen lassen und treffe Sie dann im Club. Das ist schon ein Hinweis auf den dritten Geheimtip», sagte Charlie. «Was halten Sie übrigens vom Taxidienst hier?»

«Meine Erfahrungen und die meiner Bekannten sind nicht besonders gut», antwortete der Manager. «Die Taxifahrer scheinen immer irgendwie unzufrieden zu sein. Und der Service, na ja...»

«...der ist schlecht», beendete Charlie seinen Satz. «Die Fahrt zum Club wird für Sie eine interessante Erfahrung sein. Punkt zwölf wird ein Taxi vor Ihrer Tür stehen.»

Als der Bezirksmanager um zwölf Uhr aus der Tür trat, stand ein Taxi wartend da. Er sah, daß das Taxi nicht nur sauber, sondern auf Hochglanz poliert war.

Die Tür auf der Fahrerseite wurde geöffnet, und ein Mann in mittleren Jahren stieg aus. Er trug ein weißes Hemd, einen schwarzen Schlips und frisch gebügelte graue Hosen.

«Guten Tag», sagte der Taxifahrer höflich, ging um das Auto herum und öffnete die hintere Tür auf der Beifahrerseite. «Ich bin Dennis, Ihr Fahrer. Sie sind der Herr, den ich zum Golfplatz fahren soll?»

«Der bin ich», sagte der Manager und stieg ein. Dennis schloß die Tür hinter ihm.

Das Innere des Taxis war so sauber wie das Äußere. «Ich habe die Klimaanlage angestellt», sagte Dennis. «Ist Ihnen das recht?»

«Ja, wunderbar.» Der Manager war überrascht.

«Wenn Sie Radio hören möchten, sagen Sie mir bitte Bescheid. Ich stelle gern Ihren Lieblingssender ein. Sie können sich aber auch eins von meinen Tonbändern aussuchen. Ich habe eine gute Auswahl, alles von Rock bis Klassik.»

«Wie schön.» Der Manager wußte kaum, was er sagen sollte.

Dennis ließ den Motor an und fuhr los. «In der Tasche vor Ihnen finden Sie verschiedene Zeitschriften und die Zeitung von heute. Ich habe hier vorne eine Kühltasche, falls Sie eine Cola oder einen Saft möchten, selbstverständlich gratis. Ich kann Ihnen auch einen Kaffee oder einen koffeinfreien Kaffee aus meinen Thermosflaschen anbieten.»

Dem Manager war, als sei er auf dem Mars gelandet. «Ich sehe jetzt, was Charlie mit einer besonderen Erfahrung meinte.»

«Ich hoffe, es wird Ihnen gefallen.» Dennis überlegte einen Augenblick. «Ich glaube, zu dieser Tageszeit wird es das beste sein, wir nehmen die Autobahn bis zur Arnett Road. Sind Sie einverstanden?»

«Klingt gut.»

«Noch eins», sagte Dennis. «Wenn Sie sich mit mir unterhalten wollen, bin ich gerne zu einem Gespräch bereit, solange es nicht um Religion oder Politik geht. Wenn Sie sich lieber nur bequem zurücksetzen und entspannen wollen, dann werde ich nichts sagen.»

Der Manager war sehr daran interessiert, mehr von Dennis zu erfahren. «Wie lange bieten Sie Ihren Kunden denn schon diesen Service?»

«Seit dem großen Erwachen.»

«Dem großen Erwachen?» Der Bezirksleiter runzelte die Stirn.

«Ja. Dem wichtigsten Erwachen, seit der Prinz Dornröschen wach geküßt hat.»

«Was ist denn geschehen?»

«Eines Tages saß ich in meinem Taxi und wartete auf Kunden. Ich war unzufrieden und hatte das Radio an. Es wurde gerade ein Autor mit Namen Wayne Dyer interviewt. Er hatte ein Buch geschrieben, ‹Erfolg wird wahr›, und er sagte: ‹Wenn Sie morgens schon mit der Erwartung aufstehen, daß Sie einen miserablen Tag haben werden, dann werden Sie selten enttäuscht werden.› Und er sagte weiter: ‹Hören Sie auf zu jammern. Grenzen Sie sich von Ihrer Konkurrenz ab. Seien Sie kein Frosch, sondern ein Adler. Frösche quaken und jammern. Adler kreisen über der Menge.›

Es traf mich wie ein Blitz. Er redete ja von mir. Ich jammerte doch nur den ganzen Tag. Ich beschloß, meine Einstellung zu ändern und ein Adler zu werden. Ich sah, wie schmutzig die anderen Taxis waren und wie unfreundlich die Fahrer. Die Kunden waren entsprechend unzufrieden. Ich beschloß, ein paar Veränderungen einzuführen.»

«War das schwierig?» fragte der Manager.

«Eigentlich nicht.» Dennis fuhr auf die Autobahn in Richtung Golfclub. «Ich wollte es richtig machen und dabei ein gutes Gefühl haben. Ich begann damit, mein Auto innen und außen sauberzuhalten, ich kaufte mir ein Telefon und ließ ansprechende Visitenkarten drucken. Ich nahm mir vor, daß das Wohl meiner Fahrgäste absolute Priorität für mich haben sollte.»

«Das hat sich wohl auch für Sie bezahlt gemacht?» fragte der Manager.

«Das kann man sagen.» Dennis lächelte. «Im ersten Monat merkte ich noch nicht viel. Aber ich ließ mich davon nicht beirren. Bald riefen mich die Kunden persönlich an, und ich hatte immer mehr zu tun. Ich warte heute nicht mehr am Taxistand auf Kunden. Ich arbeite nur mit Vorbestellungen.»

Als sie am Golfclub angekommen waren, lief Dennis um das Auto herum und öffnete dem Manager die Tür.

«Es war mir ein Vergnügen», sagte er und gab dem Manager seine Karte. «Bitte rufen Sie mich an, wenn Sie ein Taxi brauchen.»

«Bevor Sie wegfahren, noch eine Frage.»

«Ja, bitte?»

«Warum unterhalten Sie sich mit Ihren Fahrgästen nicht über Religion oder Politik?»

«Aus Erfahrung weiß ich, daß sich die Kunden bei diesen Themen leicht aufregen. Und erregte Kunden sind keine zufriedenen Kunden, und unzufriedene Kunden geben wenig Trinkgeld.» Dennis grinste und salutierte lässig mit zwei Fingern. Dann stieg er ein und fuhr fort.

Der Manager wandte sich um und sah Charlie neben sich. «Wie fanden Sie denn die Fahrt mit dem Taxi?» fragte Charlie.

«Das war ja wohl das Beste, was ich je auf diesem Gebiet erlebt habe», sagte der Manager noch voller Verwunderung. «Ich wußte nicht, daß es so ein Taxi überhaupt gibt.»

«Sie klingen ja ganz wie ein begeisterter Fan», sagte Charlie.

«Das bin ich auch. Dieser Dennis ist wirklich ein Genie.»

«Ich weiß nicht, ob er ein Genie ist, aber er kennt offenbar den dritten Geheimtip für begeisterte Fans», sagte Charlie. «Aber jetzt wollen wir erst einmal Golf spielen.»

Der Manager wußte, daß Charlie jetzt an nichts anderes denken konnte als an das Spiel. Er würde bis nach dem 18. Loch warten müssen, wenn er noch mehr über den dritten Geheimtip erfahren wollte. Er nahm seine Tasche und ging auf den Eingang zu.

Nach dem Spiel bat Charlie den Manager, sich von ihm fahren zu lassen. «Wir wollen doch mal sehen, wie dieser dritte Geheimtip aussieht.»

Als sie auf der Autobahn waren, bat Charlie seinen Begleiter, die Augen zu schließen und nur an die Vision des perfekten Service zu denken, die ihm durch das Feedback seiner Kunden immer deutlicher geworden sei. «Sie müssen mir aber versprechen, daß Sie die Augen geschlossen halten, bis ich Ihnen sage, Sie können Sie öffnen.»

Der Manager nickte. Er wußte zwar nicht, was das sollte, aber er vertraute Charlie. Er schloß die Augen und vertiefte sich in seine Vision. Nach einer Weile unterbrach Charlie seine Gedanken: «Wenn ich Sie bitte, die Augen zu öffnen, dann wundern Sie sich nicht, daß wir uns ganz woanders befinden. Also gut, machen Sie bitte die Augen auf.»

Der Manager blickte verblüfft auf die hohen Fichten, die die Straße säumten. «Wo sind wir denn?»

Charlie nannte einen Bundesstaat, der über zweitausend Kilometer von seinem Zuhause entfernt war.

Der Manager schüttelte fassungslos den Kopf. «Bei Ihnen sollte ich mich wohl über gar nichts wundern. Sie fahren hier wahrscheinlich immer mal schnell vorbei, wenn Sie vom Golf kommen.»

«Nicht immer, aber manchmal.» Charlie lachte. «Meistens, um einem meiner Schützlinge etwas zu zeigen. Wenn ich dafür nicht so weit fahren müßte, dann wäre mir das auch lieber. Aber leider gibt es den Service, der begeisterte Fans schafft, noch nicht so häufig.»

Der Manager war kurz davor, Charlie zu fragen, wie sie so schnell so weit gekommen waren, entschied sich dann aber doch dagegen. Er war nun einmal hier, es war ihm nichts geschehen, und er stand kurz davor, nun endlich den dritten Geheimtip für begeisterte Fans zu erfahren.

«Gut, daß Sie sich so schnell an die etwas merkwürdigen Umstände anpassen können», sagte Charlie. «Das erste Mal ist es immer ein Erlebnis. Wenn Sie dazu bereit sind, wollen wir uns aber jetzt mit dem dritten Geheimtip beschäftigen.»

Der Manager meinte, er sei nicht nur bereit, sondern er könne es kaum erwarten.

«Sehr gut.» Charlie fuhr in eine Tankstelle. «Hier folgt der Geheimtip in Aktion.»

Bevor das Auto noch an einer Zapfsäule hielt, traten zwei Tankwarte in roten Overalls aus dem Büro und liefen auf das Auto zu. Der Manager sah, daß beide ordentlich gekämmt und ihre Uniformen sauber waren.

Charlie stellte den Motor ab, und einer der Tankwarte begann sofort die Fenster zu waschen, während der zweite am Fenster der Fahrerseite erschien und so freundlich lächelte, daß der Manager einfach zurücklächeln mußte. «Willkommen bei der besten Tankstelle der Welt», sagte der Tankwart. «Wollen Sie heute bar oder mit Kreditkarte bezahlen?»

«Karte», sagte Charlie und reichte die Karte aus dem Fenster. «Volltanken, bitte.» Er zog an dem Hebel, der die Motorhaube öffnete.

«Gern, Mr. Charlie», sagte der Tankwart freundlich.

«Wieso kennt er Sie?» fragte der Manager verwundert. Vielleicht wurde ihm hier nur etwas vorgespielt, und es handelte sich gar nicht um eine echte Tankstelle.

«Er kennt mich nicht», entgegnete Charlie. «Er hat nur den Namen auf meiner Kreditkarte gelesen und ihn dann bei der ersten Gelegenheit gebraucht. Deshalb hat er auch gleich gefragt, ob wir mit Kreditkarte bezahlen. Etwa 90 Prozent der Kunden verwenden ihre Kreditkarte und können dann gleich mit ihrem Namen angeredet werden. Die Namen der Stammkunden kennen die Tankwarte bald auswendig. Wenn sie aber einen guten Service bieten, werden die Angestellten später durch einen Bonus belohnt und schneller ins Management versetzt.»

Der Manager war so damit beschäftigt, den beiden Tankwarten bei der Arbeit zuzusehen, daß er nichts erwiderte. Er konnte sich schon vorstellen, daß besonders die Mitglieder eines Arbeitsteams Lohnerhöhungen erhielten und befördert wurden, die sich gut um die Kunden kümmerten. Er drehte den Kopf von einer Seite auf die andere, damit ihm nichts entging. Einer der Tankwarte putzte die Fenster und maß den Druck der Reifen, der andere füllte den Tank und sah danach ausführlich unter der Motorhaube nach.

Er trat an das Seitenfenster und sagte zu Charlie: «Motoröl ist in Ordnung, genug Kühlflüssigkeit haben Sie auch. Die Servolenkung brauchte etwa 70 Milliliter Flüssigkeit. Das sollten Sie das nächste Mal wieder prüfen lassen. Keilriemen und Schläuche sehen gut aus. Die Servoflüssigkeit geht auf unsere Rechnung.»

«Danke.»

Der andere Tankwart war auf der Beifahrerseite beschäftigt. «Was meinen Sie, werden unsere Leute morgen das große Match gewinnen?» Er putzte eifrig den großen Seitenspiegel.

Der Manager hatte keine Ahnung, von welcher Mannschaft und von welchem Spiel die Rede war. Aber er lächelte und sagte: «Na klar.»

Der Tankwart grinste. «Ich glaube, Sie und ich, wir sind die einzigen, die noch an unser Team glauben.» Der Manager hoffte, daß dieses Thema nicht weiter ausgeführt und seine Unwissenheit offensichtlich würde. Aber der Mann lächelte und reichte ihm eine Plastiktüte durchs Fenster. «Hier, für Ihren Abfall. Haben Sie etwas für unsere Abfalltonne?»

Der Manager blickte sich suchend im Auto um. «Nein, ich glaube nicht. Danke.»

«Gern geschehen. Dafür sind wir ja da.» Das Lächeln des Tankwarts war so ansteckend, daß der Manager einfach zurücklächeln mußte.

«Sie sind wirklich sehr freundlich», sagte er.

«Das fällt nicht schwer, wenn man sich bei seiner Arbeit wohl fühlt», sagte der Tankwart und wandte sich ab.

Wie viele Menschen in Dienstleistungsberufen schenken ihren Kunden wohl hin und wieder ein Lächeln. Der Manager schüttelte leicht den Kopf. Und dann noch, weil sie sich in ihrem Beruf wohl fühlten! In der Tankstelle, die er normalerweise benutzte, mußte er bezahlen, bevor die Benzinpumpe überhaupt angestellt wurde, und mußte dann selbst tanken. Von einem Lächeln der Angestellten konnte nicht die Rede sein. Er konnte von Glück sagen, wenn der junge Kaugummi kauende Mann hinter der Kasse ihm einen kurzen Gruß zugrunzte.

Charlie hatte vom Auto aus bezahlt und ließ den Motor an.

«Vielen Dank für Ihren Besuch der besten Tankstelle der Welt, Mr. Charlie», sagte der Tankwart und sah Charlie freundlich ins Gesicht. «Kommen Sie bitte bald wieder.»

«Das werde ich bestimmt», sagte Charlie. «Danke für die ausgezeichnete Bedienung.»

«Das ist doch selbstverständlich.» Der Tankwart reichte Charlie ein paar Coupons durch das Fenster. «Das bekommen Sie, weil Sie mehr als 40 Liter getankt haben.» Es war ein 50-Prozent-Discount-Coupon für eine Autowaschanlage ein paar Häuser weiter und ein 10-Prozent-Discount-Coupon für das nächste Tanken.

«Nochmals vielen Dank», rief Charlie und fuhr auf einen Parkplatz an einem Ende des Tankstellengeländes. Er stellte den Motor ab und wandte sich zu dem Manager um. «Nicht schlecht für eine Tankstelle, finden Sie nicht?»

«Also, im Ernst, ich kam mir vor wie an einem Pitstop für Rennfahrer. Und haben Sie gehört, was der eine zu mir gesagt hat? Er sei so freundlich, weil er seine Arbeit gern täte! Und die Uniformen waren wohl ganz neu? Zumindest sieht ja die ganze Tankstelle brandneu aus.»

«Vielleicht waren es neue Uniformen, aber die Tankstelle gibt es schon seit zwölf Jahren.»

«Wahrscheinlich ist sie aber vor kurzem ganz gründlich renoviert worden, oder?»

«Nein», sagte Charlie. «Es ist vielleicht mal das eine oder andere im Laufe der Jahre gestrichen worden, sonst hat man sie nur gut gepflegt.»

«Kaum zu glauben.» Der Manager blickte verwundert über das Gelände. Dann zeigte er auf eine zweite Tankstelle, die ein paar Häuser weiter auf der anderen Straßenseite lag. «Sehen Sie mal. Da drüben wird für Selbstbedienung dasselbe verlangt wie hier, wo alles für uns gemacht wurde. Das ist doch ungewöhnlich.»

«Unser Tankstellenbesitzer hier achtet darauf, daß seine Preise nicht höher sind als die der Selbstbedienungstankstelle. Er hat festgestellt, daß seine Arbeitskosten pro Liter keineswegs höher sind als die seiner Konkurrenz.»

Der Manager schüttelte nur verwundert den Kopf. «Niedrige Preise, saubere Uniformen, Coupons, das Ganze muß doch enorm was kosten. Können sie sich das denn leisten?»

«Ich glaube, Sie sollten den Verantwortlichen kennenlernen.» Charlie lächelte. «Er kann Ihre Frage beantworten. Allerdings glaube ich, daß das wieder die falsche Fragestellung ist.»

Sie stiegen aus und gingen auf eine Tür zu, auf der in großen Buchstaben BÜRO stand. Darüber war ein Schild angebracht:

Herzlich willkommen
bei der Zentrale der besten
Tankstellen der Welt!

Sie stiegen eine Treppe hinauf und fanden sich bald in einem größeren Raum, in dem jeder Winkel ausgenutzt schien. Jeder Angestellte hatte seinen eigenen Schreibtisch, der durch halbhohe Wände vom nächsten getrennt war. Alle trugen rote Hemden und graue Hosen.

«Guten Tag», sagte Charlie zur Empfangssekretärin. «Ist Andrew da? Ich glaube, wir werden erwartet.»

Sie sah von ihrer Arbeit auf und lächelte Charlie an. «Guten Tag, Mr. Charlie. Wie schön, daß Sie wieder einmal bei uns vorbeikommen. Ich werde Sie gleich anmelden.»

Der Bezirksleiter war überrascht, als die zierliche junge Frau sich in ihrem Stuhl umdrehte und mit erstaunlich lauter Stimme rief: «Andrew, sie sind hier.»

Dann drehte sie sich wieder zu den beiden Männern um und sagte mit sanfter Stimme: «Bitte setzen Sie sich doch. Er wird gleich kommen. Kann ich Ihnen eine Tasse Kaffee anbieten?»

Sie setzten sich, und Charlie flüsterte dem Bezirksleiter zu: «Als Andrew hörte, was die Telefongesellschaft für die Sprechanlage verlangt, beschloß er, ohne auszukommen.»

Ja, Menschen, die Kunden zu begeisterten Fans machen, haben wohl ihre eigenen Vorstellungen, dachte der Manager. Man kann ihnen ganz sicher nicht vorwerfen, daß sie einfach der Herde folgen und das tun, was alle tun.

Charlie waren diese Gedanken natürlich nicht verborgen geblieben. «Da haben Sie recht. Denn wenn sie nur der Herde folgen würden, dann könnten sie natürlich ihre Kunden auch nicht zu begeisterten Fans machen.»

Sie wurden durch eine laute, herzliche Stimme unterbrochen: «Charlie, wie wunderbar, dich wiederzusehen!»

Der Manager hob den Kopf und blickte zu Andrew auf. Er hatte selten einen so großen Mann gesehen.

«Andrew hat früher Basketball gespielt», erklärte Charlie.

«Das kann ich mir gut vorstellen.»

«Ja, es hilft, wenn man nicht besonders hoch springen muß, um den Korb zu erreichen», sagte Andrew und streckte dem Bezirksleiter lächelnd die Hand hin. «Kommen Sie doch bitte in mein Büro. Ich stehe Ihnen gleich zur Verfügung.»

Drei Wände von Andrews Büro waren mit Bildern und Urkunden aus seiner Zeit als Basketballspieler bedeckt. Bei näherer Betrachtung sah der Bezirksleiter, daß Andrew in den besten Mannschaften gespielt hatte. Die vierte Wand bestand aus einem großen Fenster, das auf die Tankstelle hinaussah. Der Schreibtisch war so gestellt, daß der Chef sehen konnte, was draußen vor sich ging. Ob der ausgezeichnete Service wohl etwas damit zu tun hatte, daß die Angestellten sich dauernd beobachtet fühlten?

Aber Andrew unterbrach seine Gedanken. Man stellte sich gegenseitig vor, und der Bezirksleiter freute sich, daß er wieder einen von Charlies Schützlingen kennenlernen konnte.

«Wie schön, einen Bruder kennenzulernen», sagte Andrew herzlich und legte ihm kurz die Hand auf die Schulter. Der Bezirksleiter fühlte sich geehrt, daß dieser Mann, der nicht nur mit den Besten Basketball gespielt hatte, sondern auch ein Genie in Sachen Kundenbetreuung war, ihn Bruder nannte.

«Ja, dieses Mal gebe ich Ihnen recht», sagte Charlie, der wieder seine Gedanken gelesen hatte. «Andrew ist ein Genie.»

«Du bist wirklich zu gütig.» Andrew lachte. «Du sagst das nur, weil es auch die Wahrheit ist.» Er drehte sich nach dem Bezirksleiter um. «Ich bin trotz aller Perfektion nur so liebenswert, weil ich so unglaublich bescheiden bin.»

«Ein Genie in Sachen Kundenbetreuung, das gebe ich zu», sagte Charlie und hob die Augenbrauen in gespielter Entrüstung. «Was aber den Rest deiner Perfektion angeht, da bin ich mir nicht so sicher.»

Dem Bezirksleiter gefiel die gutmütig-neckende Art, in der Charlie mit seinen Schützlingen umging. Er erfuhr, daß Andrew vor 15 Jahren das A und O des Service von Charlie gelernt hatte. Seit der Zeit hatte sich sein Unternehmen von einer Tankstelle auf eine Kette von 20 erweitert.

«Wir wollen nicht mehr über meine Vollkommenheit reden», sagte Andrew lachend. «Charlie, es wundert mich, daß deine Augen bei deinem Alter noch gut genug sind, daß du mich überhaupt wahrnehmen kannst, von meiner Perfektion gar nicht zu reden.»

Er wandte sich an den Manager. «Aber ich wette, Sie sind nicht hier, um darüber zu sprechen. Ich habe gesehen, daß Charlie vorhin bei uns getankt hat. Wie fanden Sie denn den Service?»

«Unglaublich gut. Ich habe so etwas noch nie erlebt.»

«Das freut mich», sagte Andrew. «Wir bilden alle unsere Mitarbeiter hier aus. Meine anderen Tankstellen haben also alle gut trainierte Kräfte. Aber ich bin immer ein wenig unsicher, wenn Charlie jemanden herbringt, um unseren guten Service hier zu demonstrieren, wo viele noch in der Ausbildung stecken.»

«Ich nahm an, daß Sie durch Ihr Bürofenster die Arbeit Ihrer Angestellten überwachen und daß die deshalb so gut spuren», sagte der Bezirksleiter. «Wenn die anderen Filialen aber ohne Ihre Überwachung mindestens so gut laufen, dann kann das ja eigentlich nicht der Grund sein.»

Andrew lachte. «Ich mache von diesem Fenster aus schon meine Beobachtungen. Allerdings geht es mir da mehr um meine Kunden. Jeden Tag fahre ich zu einer meiner Tankstellen und helfe dort für eine Stunde aus, nur damit ich von den Kunden erfahren kann, was sie wollen. Und die übrige Zeit beobachte ich sie vom Fenster aus, um nie zu vergessen, wofür ich diesen ganzen Papierkram und das ewige Telefonieren auf mich nehme.»

«Wenn Ihre Mitarbeiter aber nicht deshalb so gut arbeiten, weil sie sich von Ihnen beobachtet fühlen, warum dann?» fragte der Manager.

«Dazu braucht man den dritten Geheimtip für begeisterte Fans. Soll ich Ihnen den jetzt verraten?» Andrew sah ihn abwartend an.

«Ja, bitte», sagte der Manager sofort und merkte selbst, wie er sich gespannt nach vorn beugte.

«Sie erinnern sich wahrscheinlich, daß der erste Geheimtip mit dem Ursprung, mit Ihren eigenen Vorstellungen zu tun hat. Bei dem zweiten geht es um den Markt, um die Vorstellungen des Kunden. Der dritte, der sich auf Erfahrung aufbaut, ist eng mit den beiden ersten verbunden. Wollen Sie wissen, was es ist?»

«Natürlich!»

«Also, es ist ganz einfach. Der dritte Geheimtip heißt: ***Liefern plus 1.***»

Der Bezirksleiter fand diesen Ratschlag mindestens so verwirrend wie anfangs die ersten beiden Geheimtips. Und er war auch etwas enttäuscht, daß man ihn den Geheimtip nicht hatte von seinem Armband ablesen lassen. Er hatte extra heute morgen nachgeschaut und gesehen, daß nach wie vor nur die beiden ersten Geheimtips auf dem Anhänger eingraviert waren.

«Dieser dritte Geheimtip hört sich ja vielleicht kurz und bündig an», sagte er. «Aber ich muß gestehen, ich habe keine Ahnung, was damit gemeint ist.»

«Das ist eigentlich meine Schuld», sagte Charlie. «Aber Leo hatte gemeint, ein größerer Anhänger sähe nicht gut aus, und so mußte ich das Ganze auf eine Kurzformel bringen. Und so paßt es wenigstens drauf.»

Der Manager blickte ihn fragend an. Was meinte Charlie bloß damit? Aber Andrew kam ihm zu Hilfe. «Sehen Sie sich doch den Anhänger einmal genauer an.»

Da, auf derselben Seite, auf der der zweite Geheimtip, Finde heraus, was der Kunde will, eingraviert war, stand Liefern plus 1. Die Zeile paßte gerade noch darunter. Aber wie war es überhaupt dazu gekommen?

«Lassen Sie's mich Ihnen erklären», sagte Andrew wieder. «Bevor Leo begann, Charlies besonderen Schützlingen diese Armbänder zu geben, hieß der dritte Geheimtip: ‹Liefern Sie, was die Vision Ihnen vorgibt, und noch ein Prozent dazu.› Aber, wie Sie sehen können, der Satz würde nicht auf den Anhänger passen, und so wurde daraus: ***Liefern plus 1.***»
Der Manager sah immer noch nicht überzeugt aus. «Aber auch der Geheimtip in seiner ganzen Länge bleibt mir noch unverständlich.»

«Ja, wir wollen uns den Satz einmal genauer ansehen», sagte Andrew. «Als erstes wird gesagt, daß man liefern soll, und damit ist gemeint: nicht manchmal, nicht meistens, sondern immer. Es gibt keine Ausnahmen. Und zweitens steht da: ‹Noch ein Prozent dazu›. Darüber werden wir später sprechen, jetzt geht es uns erst einmal um das Konzept des Lieferns.»

«Zuverlässigkeit, Zuverlässigkeit und nochmals Zuverlässigkeit», warf Charlie ein. «Zuverlässigkeit ist absolut unentbehrlich für Glaubwürdigkeit. Mein Fachmann hier wird es näher erklären. Bitte, Andrew, sei so gut.»

«Gern, Charlie», sagte Andrew. «Wie Charlie schon gesagt hat, ist Zuverlässigkeit der Schlüssel, um aus Kunden begeisterte Fans zu machen. Anfangs ist die Beziehung zu den Kunden etwas sehr Zerbrechliches. Sie sind schon oft enttäuscht worden und vertrauen nicht mehr so schnell. Wir wollen sie für uns gewinnen, und die Kunden sträuben sich im allgemeinen dagegen. Zuverlässigkeit wird letzten Endes diesen Widerstand überwinden, aber in der Zwischenzeit wartet der Kunde nur darauf, daß Sie einen Fehler machen.»

«Wirklich? Können Sie mir da ein Beispiel geben?»

«Alles, wodurch wir unseren Dienst am Kunden erweitern, könnte als Beispiel dienen», antwortete Andrew. «Nehmen wir einmal das Fensterputzen. Zu meiner Vorstellung vom perfekten Service gehört, alle Fenster des Autos innen und außen zu reinigen, auch mit Hilfe der entsprechenden Mittel, um festgeklebte Insekten, Öl und sogar das Wachs zu entfernen, das bei Waschanlagen so häufig mit auf die Fenster gesprüht wird. Die Vorstellungen der Kunden aber beschränken sich zu Anfang nur auf einen Eimer mit sauberem Wasser und einen Gummischrubber, mit dem sie selbst ihre Fenster reinigen könnten. Manche waren schon dankbar, wenn sie nur überhaupt Wasser bekamen, sie erwarteten nicht einmal sauberes Wasser.

Unsere Mitarbeiter putzten anfänglich nur die Windschutzscheibe. Ich hatte ihnen verboten, die anderen Fenster zu berühren, es sei denn, der Kunde bat darum. Die Kunden gewöhnten sich daran, daß ihre Frontscheibe immer gut geputzt wurde. Manche blickten ganz streng, bis das Fenster zu ihrer Zufriedenheit geputzt war. Wir hatten den Eindruck, daß einige nur auf einen Fehler von uns warteten, damit sie über uns herfallen konnten.»

«Und fällt man über Sie her?» Der Bezirksleiter mußte lächeln, als er sich vorstellte, wie ein Kunde über Andrew herfiel. In Anbetracht von Andrews Größe müßte es sich da um einen entweder sehr tapferen oder sehr dummen Kunden handeln.

«Sie lassen es uns merken, wenn wir mit unserem Service nachgelassen haben», sagte Andrew. «Manchmal sind sie ärgerlich, manchmal erinnern sie uns höflich, und es ist auch schon passiert, daß ein Kunde wegfuhr, ohne zu bezahlen. Er rief uns später an und erklärte, daß wir das Reinigen der Windschutzscheibe schließlich als Teil unseres Service angeboten hätten, daß er mit dem Benzin also auch diesen Dienst bezahle. Da wir sein Fenster nicht gewaschen hätten, hätten wir auch keine Bezahlung von ihm erwarten dürfen. Er hätte sich betrogen gefühlt. Und eigentlich hatte er recht.

Wir haben sicher auf ähnliche Weise auch Kunden verloren, die sich nie beschwert haben. Aber bedenken Sie: Wir boten als nahezu einzige Tankstelle unseren Kunden einen neuen Service an, der dazu noch kostenlos war. Wenn wir bei diesem *zusätzlichen* Service aber einmal nachlässig waren, wurden die Kunden ärgerlich und gingen woandershin. Und dabei wusch ihnen sonst niemand die Windschutzscheibe.»

«Und das nur, weil Sie auf dem Gebiet nicht zuverlässig waren», warf Charlie ein. «Die Kunden rechnen damit, daß Sie tun, was Sie versprochen haben.»

«Charlie hat recht», sagte Andrew. «Man muß halten, was man versprochen hat. Deshalb war es auch anfangs unmöglich, alle Fenster zu putzen. Wir hatten schon Schwierigkeiten, nur die Windschutzscheiben zur Zufriedenheit der Kunden zu säubern. Aber mit der Zeit wurden wir besser und immer zuverlässiger. Dann fingen wir an, auch die anderen Fenster der Autos zu putzen. Und jetzt haben sich die Kunden vollkommen daran gewöhnt. Sie können sich absolut darauf verlassen, daß ihre Fenster bei uns gut gereinigt werden, und wir haben Kunden zu begeisterten Fans gemacht.»

«Das hört sich ja so an, als warnten Sie davor, sich anfangs zuviel auf dem Gebiet der Kundenbetreuung vorzunehmen», meinte der Manager.

«Ganz richtig», sagte Andrew. «Sie sollten sich genau überlegen, wo Sie etwas anders machen wollen und auch zuverlässig können. Es hat keinen Sinn, zuviel auf einmal zu versuchen, sondern es ist besser, Sie führen nur eine oder zwei Neuerungen ein und erledigen die perfekt.»

«Wie immer hat Andrew vollkommen recht», sagte Charlie. «Sie können sich Schritt für Schritt Ihrer Vision des perfekten Service nähern, aber es ist sehr schwierig, wenn nicht unmöglich, sehr viel auf einmal zu verändern.»

«Die Fluggesellschaften machen zum Beispiel häufig solche Fehler», meinte jetzt auch der Bezirksleiter. «Immer ist vom erweiterten Dienst am Kunden die Rede, und dabei ist häufig schon am Standarddienst viel auszusetzen. Zum Beispiel kann man angeblich zwischen zwei Gerichten bei den Mahlzeiten wählen, wenn man dann aber an die Reihe kommt, ist gerade von dem, was man möchte, nicht mehr genug da. Das ärgert mich. Es wäre mir viel lieber, ich bekomme ein gutes Standardessen und kann damit rechnen, daß ich auch auf die Getränke nicht zu lange warten oder ewig mit dem abgegessenen Tablett auf dem Schoß dasitzen muß.»

«Manchmal plant eine Firma vielleicht auch nur eine Veränderung zur Zeit», fügte Charlie hinzu, «und muß dennoch scheitern, weil auch diese eine Veränderung zu schwierig vorzunehmen war. Es ist besser, man verspricht nur eine kleine Verbesserung, die man dann auch konsequent durchführen kann.»

Andrew hatte geduldig gewartet, bis Charlie schwieg. Dann sagte er: «Wenn mir eine Luftlinie eine Auswahl beim Essen verspricht und dieses Versprechen nicht hält, dann bin ich sauer. Es wäre besser, sie versprächen erst gar nichts, dann könnten sie auch niemanden enttäuschen. Da wird viel Geld für Werbung ausgegeben, in der vom Dienst am Kunden die Rede ist, ein Service, den es nachher gar nicht gibt. Natürlich kommt man sich als Kunde dann betrogen vor. Das ist wirklich keine gute Investition in Sachen Kundenbetreuung.»

«Sie möchten damit wohl sagen, daß man lieber weniger versprechen sollte, als man halten kann. Das habe ich im letzten Jahr auch bei einem Marketing-Seminar gelernt.» Der Manager nickte.

«Nein, das meine ich eigentlich nicht», antwortete Andrew. «Viele halten das zwar für sinnvoll, und vielleicht ist das auch der Fall, wenn man lediglich zufriedene Kunden haben möchte. Mir geht es aber nicht um nur zufriedene Kunden, und deshalb halte ich auch von diesem Ratschlag nichts. Mir kommt es so vor, als wolle man die Leistung eines Basketballspielers dadurch steigern, daß man einen größeren Korb aufhängt.»

«Aber machen Sie nicht bereits Einschränkungen, wenn Sie nur die Windschutzscheiben und nicht alle Fenster putzen?» fragte der Manager.

«Nein, eigentlich nicht», antwortete Andrew. «Ich versprach ja nicht weniger, als ich leisten kann. Es war mehr, als ich vorher an Service geboten hatte. Ich versuchte anfangs nicht gleich zu viele Veränderungen durchzuführen, wie zum Beispiel gleich jedes Fenster jedes Autos zu waschen. Sondern ich führte das erst ein, als ich wußte, daß wir das auch schaffen konnten. Letzten Endes muß man schon mehr anbieten als bisher und dann auch mehr leisten. Man darf nur nicht zuviel auf einmal versprechen.»

«Irgendwie ist das dann aber doch weniger, als vielleicht möglich wäre», meinte der Manager.

«Vielleicht. Sicher ist es weniger, als das Unmögliche zu versprechen. Wenn Sie das mit ‹weniger› meinen, gut, für mich hört sich das aber zu negativ an. Um Kunden zu begeisterten Fans zu machen, sollte man nicht weniger versprechen, sondern mehr leisten. Was immer Sie versprechen, die Hauptsache ist, daß Sie diese Versprechen konsequent einhalten können. Kunden werden erst dann zu begeisterten Fans, wenn sie wissen, daß sie sich auf Ihren Service verlassen können.»

«Das ist interessant», meinte der Manager. «Wenn ich Sie richtig verstanden habe, dann meinen Sie, daß es zwar wichtig ist, mehr zu tun als erwartet wird, daß es aber viel wichtiger ist, dafür zu sorgen, daß Erwartungen nie enttäuscht werden.»

Andrew nickte. «Erst müssen Sie die Erwartungen unbedingt und immer erfüllen. Dann erst dürfen Sie daran denken, mehr als das Erwartete zu tun. Das sollte sich jeder Manager hinter die Ohren schreiben. Das Schlimmste ist Unzuverlässigkeit, das heißt, einmal das zu tun, was der Kunde erwartet, das nächste Mal seine Erwartungen zu enttäuschen und dann hin und wieder sogar mehr zu tun, als erwartet worden war. Das verwirrt die Kunden in kürzester Zeit, und sie werden nur zu gern zur Konkurrenz überlaufen.»

«Und wie kann ich sicher sein, daß ich einen zuverlässigen Service leisten kann?» fragte der Manager.

«Dafür brauchen Sie bestimmte Verfahren. Wer eine sehr gute Kundenbetreuung bieten will, muß eine Reihe von Vorgehensweisen festlegen und ein Trainingsprogramm aufstellen, um das System des perfekten Service tief in der ‹Seele der Firma› zu verankern. Auf diese Weise ist Zuverlässigkeit garantiert.

Wenn Sie Ihr Produkt oder Ihre Dienstleistung immer wieder ganz korrekt und pünktlich liefern, haben Sie den entscheidenden Grundstein gelegt für den Kundenservice, der begeisterte Fans schafft. Mit einem System von Verfahren können Sie die Leistung garantieren, nicht nur mit einem Lächeln und freundlichen Grüßen.»

«Das klingt ja, als seien Sie ein begeisterter Fan von Systemen und Trainingsprogrammen.» Der Bezirksmanager lachte.

«Das bin ich auch. Ich habe die Bedeutung von übergreifenden Systemen beim Mannschaftssport kennengelernt. Bestimmte Abläufe beim Basketball oder beim Football sind eigentlich komplex wie ein System. Ich habe auch gelernt, daß alle Systeme der Welt nichts wert sind, wenn nicht jeder gelernt hat, ihnen gemäß zu handeln.»

«Führen Sie denn so Ihre Firma?» fragte der Manager.

«Ja, sicher.» Andrew nickte. «Wenn wir zum Beispiel von unseren Mitarbeitern erwarten, den Kunden gegenüber freundlich zu sein, dann müssen wir ihnen auch dabei helfen, Freundlichkeit auszustrahlen.»

«Sie bringen ihnen ganz bestimmte Sachen bei, durch die sie dann freundlich wirken?» fragte der Manager.

«Das stimmt. Unsere Erfahrungen haben gezeigt, daß es zum Beispiel freundlich und persönlich wirkt, mit den Kunden über etwas zu sprechen, was nichts mit der gerade ablaufenden Arbeit zu tun hat. Deshalb bringen wir das jedem bei, der für uns arbeitet.» Andrew lächelte.

«Ja, der Tankwart, der mir die frische Abfalltüte gab, fragte mich, welche Mannschaft wohl morgen bei dem großen Spiel gewinnen würde.» Der Manager sah Andrew und Charlie an. Diese Frage hatte auf ihn besonders freundlich gewirkt, selbst wenn er keine Ahnung gehabt hatte, um welches Spiel es ging.

«Sehr gut», sagte Andrew zufrieden. «Es gehört zu unserem Service, mit dem Kunden über etwas zu sprechen, was nichts mit dem Benzinkauf zu tun hat. Aber das ist nur ein Beispiel dafür, wie wir mit bestimmten Systemen die Qualität unserer Kundenbetreuung konstant halten. Neue Mitarbeiter werden zehn Stunden lang geschult, bevor sie den ersten Kundenkontakt haben. Wenn wir Ihre Kreditkarte entgegennehmen oder Ihr Öl prüfen, dann können Sie sicher sein, daß jeder Schritt nach unserem System abläuft. Es gibt keine bösen Überraschungen und keine Enttäuschungen.»

Der Manager überlegte eine Weile und sagte dann: «Ich kann schon verstehen, warum Systeme wichtig sein können. Besteht aber nicht die Gefahr, daß Ihre Mitarbeiter zu Firmenrobotern werden? Daß sie wie programmierte Maschinen funktionieren?»

«Wirken Basketballspieler auf Sie wie programmierte Roboter? Auch Teamsportler richten sich nach festgelegten Systemen, aber sie müssen auch in der Lage sein, darüber hinauszugehen, den Spielplan zu verändern, wenn ein solches Vorgehen der Mannschaft helfen kann. Das gleiche gilt für unsere Mitarbeiter. Unser System setzt nur die Richtlinien fest. Unsere Leute wissen aber, daß sie für manche Kunden von etablierten Vorgehensweisen abweichen müssen, und das wird von uns auch sehr gefördert.»

«Wie paßt das denn alles zusammen?»

«Vielleicht nehmen wir am besten wieder ein Beispiel aus der Praxis», schlug Andrew vor. «Zu unserem System gehört, daß die Mitarbeiter mit den Kunden über ein Thema sprechen, das nichts mit ihrem Job zu tun hat. Worüber sie aber sprechen und wie lange eine solche Unterhaltung dauert, ist ihre eigene Entscheidung. Manchmal haben die Kunden es offensichtlich so eilig, daß es besser ist, nichts weiter zu sagen. Unsere Mitarbeiter müssen das selbst abschätzen.

Wir haben Systeme und nur wenige feste Regeln. Durch zu starre Regeln entsteht roboterhaftes Verhalten, aber ein System zeigt einen Weg auf, wie Erfolg zu erzielen ist. Das wichtigste ist immer das Ergebnis und nicht das System an sich. Im Unterschied zu Systemen konzentrieren Regeln sich auf das Verfahren und nicht unbedingt auf das Ergebnis. Wir haben zum Beispiel Regeln, was das Rauchen in der Nähe der Benzinpumpe betrifft. Aber wir haben Systeme, wenn es um die Kundenbetreuung geht. Ihr Ziel ist die konstante Zuverlässigkeit in unserem Service und nicht das Fabrizieren von Robotern, was oft die Folge von strengem Einhalten von festen Regeln ist. Unsere Mitarbeiter sollen den Kunden zum begeisterten Fan machen. Und die Systeme liefern ihnen die Basis dafür, engen sie aber nicht ein.»

Charlie hatte hin und wieder schweigend genickt und sagte jetzt: «Mit Hilfe eines Systems kann man ein Minimum an zuverlässiger Leistung garantieren. Das ist sehr wichtig, denn wenn man weniger tut, als man versprochen hat, dann hat man den Kunden betrogen.»

«Das sind ja starke Worte», meinte der Manager.

«Ja, das sind aber auch starke Gefühle der Kunden», gab Charlie schnell zurück.

«Wenn man einen zuverlässigen Service bietet, dann ist es aber auch sehr wichtig, die Leistungen zu steigern», ließ sich Andrew wieder hören.

«Ich vermute, das hat etwas mit dem ‹plus 1 Prozent› zu tun», sagte der Manager. «Aber was soll das mit diesem einen Prozent? Das kommt mir herzlich wenig vor.»

«Dieses eine Prozent soll Sie nach vorne und über Ihre Vision hinausschauen lassen», sagte Andrew.

«Und darum nennen Sie Ihre Kunden zum Beispiel beim Namen? Heißt das schon, über Ihre Vision hinausgehen?»

«Nein, bestimmt nicht», antwortete Andrew und lächelte. «Ich bin erst am Anfang. Meine Vision ist erst erfüllt, wenn meine Mitarbeiter mit Fahnen winken und dem Kunden namentlich zujubeln, wenn er in unsere Tankstelle einbiegt.»

«Das meinen Sie doch nicht ernst. Das wird doch nie geschehen. Das ist doch verrückt», sagte der Manager. «Eine Vision muß doch vernünftige Grenzen haben.»

«Natürlich hat sie das. Wenn sie den Bedürfnissen der Kunden nachkommt, ist sie sinnvoll. Es kann kein Service zu gut sein, solange er in Ihr Konzept der perfekten Kundenbetreuung paßt. Und das Wort ‹nie› sollte man sicher sehr vorsichtig benutzen.»

«Aber Fähnchen schwingende Angestellte? Das ist doch unmöglich!»

Charlie antwortete an Stelle von Andrew. «Haben Sie diese Zweifel nicht früher schon geäußert, als es um den Service ging, den Andrew bereits eingeführt hatte?»

«Das stimmt wohl», sagte der Manager zögernd. «Aber allein die Vorstellung, von einer Horde von Menschen mit Fähnchen jubelnd begrüßt zu werden, wenn ich nur schnell tanken will, könnte mich sofort in die Arme der Konkurrenz treiben. Warum würden Sie so etwas machen wollen?»

«Machen?» Andrew lachte. «Wer sagt denn, daß ich es machen werde? Ich sage Ihnen ja nur, wie meine Vision aussieht. Bevor ich aber wirklich etwas anfange, muß ich erst einmal herausfinden, was der Kunde davon hält. Wenn er empfindet wie Sie, dann werde ich meine Vorstellungen ändern. Das wäre nicht das erste Mal in meiner Laufbahn.»

«Aber selbst wenn sich herausstellen sollte, daß es Ihre Kunden begeistern würde, ich kann mir nicht vorstellen, daß Sie so etwas durchziehen könnten.»

«Ich weiß, es hört sich ziemlich schwierig an, aber glauben Sie mir, so war es auch, als wir uns vornahmen, jeden Kunden im Laufschritt zu bedienen und mit dem Namen anzusprechen. Ich wußte auch nicht, wie das möglich sein würde. Aber ich wendete dazu die ‹Regel des einen Prozent› des dritten Geheimtips an.»

«Die Regel des einen Prozent?»

«Vor ein paar Minuten meinten Sie, daß ein Prozent herzlich wenig sei. Von meiner Sicht aus ist ein Prozent eine magische Zahl. Wenn man eine Vision Wirklichkeit werden lassen möchte, ist es am schwierigsten zu entscheiden, womit man anfangen und was man als nächstes tun sollte. Entweder versuche ich, zuviel auf einmal zu tun, und bin dann frustriert, wenn es nicht so klappt, wie ich es mir vorgenommen habe, oder ich bin wie gelähmt, wenn ich an die große Aufgabe denke, die vor mir liegt. Die Regel des einen Prozent besagt nur, daß man immer nur ein Prozent zur Zeit besser machen muß. Und das kann man schaffen. Wenn ich mich aber diese Woche auf ein Prozent konzentriere und die nächste Woche auf ein weiteres Prozent, dann habe ich am Ende des Jahres Verbesserungen von über 50 Prozent möglich gemacht.»

Der Manager nickte anerkennend. «Die Regel von einem Prozent könnte also wirklich Dinge ins Rollen bringen. Ich werde sie anwenden, sobald ich wieder in meinem Büro bin.»

«Sie müssen gar nicht so lange warten», sagte Andrew. «Man kann überall große Veränderungen bewirken und viel im Leben erreichen, wenn man nur ein Prozent verbessert oder ändert. Die Fortschritte geschehen ganz automatisch, wenn man sich nur auf ein Prozent zur Zeit konzentriert.»

«Die Regel von dem einen Prozent hat noch einen zweiten großen Vorteil», fügte Charlie hinzu. «Wenn Sie Verbesserungen in kleinen Schritten angehen, dann werden Sie viel erreichen. Das bedeutet aber auch, daß Sie sich nicht einfach ein Ziel setzen und dem blind folgen. Die Regel des einen Prozent gibt Ihnen die Möglichkeit, etwas Magisches dazuzunehmen, das garantiert, daß Ihre Bemühungen echte Verbesserungen und nicht nur Veränderungen bewirken.» Er schwieg und sah gedankenverloren aus dem Fenster.

«Kommen Sie, Charlie», sagte der Manager ungeduldig, «ich kann keine Gedanken lesen wie Sie. Worum handelt es sich bei dem, was Sie magisch nennen?»

«Flexibilität», sagte Charlie mit einer solchen Ehrfurcht in der Stimme, als handelte es sich um den Siegesputt eines Golfmeisters. «Viele gute Vorsätze im Hinblick auf Kundenbetreuung sind schon an den felsigen Klippen sturer bürokratischer Köpfe zerschellt.»

Andrew lächelte. «Sehr poetisch ausgedrückt, aber einer guten Fee kann man eine solche Ausdrucksweise wohl verzeihen. Charlie berührt hier etwas ganz Wichtiges. Wir sprachen schon davon, daß die Mitglieder einer Mannschaft zum Beispiel flexibel sein und notfalls auch Systeme abändern müssen. Auch die Vision selbst muß sich ändern, muß sich weiterentwickeln können. Mit einer Vision kann nur zweierlei geschehen, entweder sie wächst, oder sie stirbt. Und wenn eine Vision stirbt, dann kann man den Dienst am Kunden begraben. Man muß bereit sein, die Richtung zu ändern, wenn die Vision sich verschiebt. Mit der Ein-Prozent-Regel kann man das. Man ist nicht stur auf eine Spur festgelegt, muß nicht blind ein großartiges Ziel verfolgen, nur um dann beim Erreichen festzustellen, daß der Kunde das Siegestor schon vor einiger Zeit woandershin gesetzt hat.»

«Tote Visionen, begrabener Dienst am Kunden! Und bei mir sagt ihr, daß ich zu poetisch bin!» sagte Charlie mit gespielter Empörung, wurde dann aber ernst. «Die drei Geheimtips betonen alle eine Vision, die sich verändern läßt, denn nur eine Vorstellung, die den Bedürfnissen des Kunden von heute angepaßt ist, kann aus ihm einen begeisterten Fan machen. Die perfekte Vision ist kein starres Zukunftsbild. Die Wünsche und Bedürfnisse der Kunden verändern sich ständig.»

Der Manager nickte. «Das leuchtet mir ein. Mein Onkel zum Beispiel stellte Gartenschläuche her. Man würde doch glauben, daß ein Gartenschlauch eine Standardsache ist, aber ich erinnere mich, daß er sagte, seine Kunden wollten immer wieder etwas Neues. So veränderte er ständig irgend etwas, mal war es die Farbe, mal waren es die Materialien.»

Das gleiche gelte auch für andere Organisationen und Betriebe, sagte Andrew. «Mein Vater hatte ein Kino. Seine Kunden hatten auch jeden Tag andere Vorstellungen von dem Film, den sie nun gerade an diesem Tag unbedingt sehen wollten. Freitag konnten sie sich vielleicht nichts Besseres vorstellen als einen Western, am Samstag mußte es dann aber unbedingt ein Musical sein.»

Als Charlie Flexibilität als magischen Bestandteil erwähnte, hatte der Manager erst gedacht, das widerspreche dem Grundsatz der Zuverlässigkeit, den Charlie und Andrew vorher so gepriesen hatten. Jetzt aber verstand er, daß Flexibilität wichtig war im Hinblick auf das, *was* dem Kunden als Teil des Service geboten wurde. Zuverlässigkeit dagegen war eher im Hinblick auf das *Wie* wichtig, auf die Art und Weise, in der der Service ausgeführt wurde.

Die Notwendigkeit von Veränderungen war dem Manager so einleuchtend, daß er gar nicht verstehen konnte, warum andere an alten Konzepten festhielten. «Es scheint mir selbstverständlich, daß unsere Vision von gestern den Anforderungen von heute nicht mehr gerecht werden kann. Und Sie sagen, daß rigide bürokratische Denkweisen den Dienst am Kunden sabotieren. Wie kann das sein? Warum sollte irgend jemand an einer altmodischen Vorstellung festhalten?»

«Vielleicht ist es Faulheit, Dummheit, Unbeweglichkeit, Voreingenommenheit oder das Festhalten an Traditionen», meinte Charlie und hob die Schultern. «Vielleicht ist es die Angst vor der Zukunft, vielleicht sind die Betreffenden nur dickköpfig, oder sie denken nicht nach. Zweierlei ist sicher, diese Leute hören nicht, was ihre Kunden ihnen mitteilen, und sie streben auch nicht danach, sie sich zu begeisterten Fans zu machen.»

Jetzt war Andrew an der Reihe. «Ein Kunde ist ein begeisterter Fan nicht nur wegen des Produktes Ihrer Firma. Wenn Sie sich nicht in den Kunden hineinversetzen, wenn Sie nicht darauf achten, was er wirklich will und braucht, dann können Sie ihm auch nicht gerecht werden. Es kann ihm sogar so vorkommen, als lehnten Sie ihn als Menschen ab. Wenn Sie ihm nicht wirklich zuhören, drücken Sie damit aus, daß seine Vorstellungen keine Bedeutung haben.

Wenn Sie Ihrem Kunden aber gut zuhören, dann sieht alles anders aus. Sie können seinen Wünschen entsprechen, weil Sie wissen, worin sie bestehen. Sie haben Fragen gestellt, haben dem Kunden zugehört und seine Meinungen respektiert. Sie haben ihn wie einen intelligenten Menschen behandelt. Und das macht viel aus.»

«Ja, sehr viel», stimmte ihm Charlie zu. «Die Regel des einen Prozent sagt Ihnen, wie Sie vor- und auch über die Vision hinausgehen können. Sie können gleichzeitig auf die Bedürfnisse der Kunden achten und Ihre Richtung ändern, wenn es nötig zu sein scheint. Es macht viel aus, wenn man seinen Kunden gut zuhört. Da hat Andrew recht. Und wenn man dann auch noch entsprechend reagiert, kann man eigentlich nur Erfolg haben.»

Der Manager blickte aus dem Fenster auf die Tanksäulen hinunter. Autos kamen und fuhren wieder ab, Tankwarte bedienten sie schnell und zuvorkommend. «Auch hier geht es eigentlich nur um menschliche Beziehungen», stellte er fest. «Es geht gar nicht um den Betrieb und den Kunden, auch nicht um das Verhältnis Kunde und Angestellter. Menschen kommen mit bestimmten Bedürfnissen, und andere Menschen werden diesen Bedürfnissen gerecht.»

Charlie und Andrew sahen einander vielsagend an und lächelten.

Der Manager fuhr fort: «Kunden haben Bedürfnisse, die nicht nur mit dem Produkt zu tun haben, egal, ob das Produkt in einer Schachtel verpackt ist oder es sich um eine Dienstleistung handelt. Menschen brauchen das Gefühl, daß sie irgendwo dazugehören, daß sie wichtig sind und daß es auf das, was sie tun, denken und sagen, wirklich ankommt.

Andrew nennt seine Kunden beim Namen, Leo steckt ihnen eine Blume ins Knopfloch und glaubt an ihre Ehrlichkeit, wenn sie Kleidung anprobieren. Bill bemüht sich um jeden, der mit dem Produkt seiner Firma in Berührung kommt, vom Arbeiter, der die Lastwagen belädt, bis zum Generaldirektor, und Sally putzt die Schuhe ihrer Kunden, zeigt ihnen, wie sie Geld sparen und sich gleichzeitig gesund ernähren können. Und Dennis öffnet seinen Kunden die Taxitür. Aus ihrem Verhalten spricht Respekt und Interesse am Kunden.»

«Und wenn Sie Ihren Kunden diese Einstellung vermitteln und alles andere anwenden, was Sie gelernt haben, dann werden aus Ihren Kunden mit Sicherheit begeisterte Fans werden», sagte Andrew. «Es geht um das Verhältnis von Mensch zu Mensch. Besser kann man es gar nicht sagen.»

«Zeit zum Feiern», sagte Charlie stolz. «Unser letzter Prüfling hat mit Auszeichnung bestanden, anders kann man das nicht nennen.»

Seine beiden Lehrer klopften sich gegenseitig auf die Schultern, aber ihr Musterschüler beachtete sie kaum. Er schaute weiterhin aus dem Fenster und dachte an das, was er gelernt hatte.

Die drei Geheimtips paßten alle zusammen. Es war wichtig, daß man anfangs eine Vision von dem hatte, was man erreichen wollte. Es war notwendig, auf die Kunden einzugehen. Zum erstenmal hatte er das Gefühl zu wissen, was es wirklich hieß, mit den Kunden zu sprechen und ihnen zuzuhören, selbst wenn ihre Entgegnungen wortlos abliefen. Ihm war deutlich geworden, wann er den Wünschen der Kunden gerecht werden sollte und wann es besser war, auf ihre Forderungen nicht einzugehen.

Das beste aber war, daß er wußte, wie er aus dieser Vision einen Handlungsplan machen konnte. Absolute Zuverlässigkeit, laufende Verbesserungen und die Fähigkeit, wenn nötig schnell eine andere Richtung einzuschlagen, waren die Voraussetzungen, um aus Kunden begeisterte Fans zu machen. Nur Versprechen, die zuverlässig erfüllt werden konnten, durften gemacht werden, und Leistungen konnten nach der Regel «plus ein Prozent» gesteigert werden. So mußte man vorgehen. So mußte man es tun.

Vor seiner Begegnung mit Charlie hatte er das Produkt seiner Firma sehr eng definiert und hatte den Dienst am Kunden für einen zusätzlichen Luxus gehalten, so ähnlich wie ein hübsches Papier, das weggeworfen wird, wenn das Geschenk ausgepackt worden ist. Jetzt erst wußte er, daß das Produkt, das verkauft wurde, im Grunde mehrdimensional war. Es war nicht nur eine Ware, sondern zu dem Produkt gehörte auch der Service. Und ob es einem gefiel oder nicht, zum guten Service gehörte nicht nur die Überlegung, wie gut die Ware dem entsprach, was der Kunde brauchte, sondern auch die menschliche Dimension der Kunde-Firma-Beziehung.

Sehr zufrieden mit dieser neuen Erkenntnis drehte sich der Manager wieder zu Charlie und Andrew um. «Was sagten Sie da von einer Feier?»

«Ja, das ist eine uralte Tradition», erwiderte Charlie feierlich. «Früher wurde das im Grand Hotel gefeiert. Ein Chor sang, ich hielt eine Rede, und die Zertifikate wurden ausgeteilt. Heute ist es noch besser.»

«Besser?» Der Manager war gespannt, was Charlie sich jetzt ausgedacht hatte.

«Ja, viel besser.» Charlie lächelte verschmitzt. «Heute spielen wir Golf.»

Andrew und Charlie legten das Spiel für die nächste Woche fest, wenn Andrew nicht weit von dem Bezirksleiter entfernt zu tun hatte. «Ich werde auch Sally und Bill anrufen», versprach Charlie. «Aber Sie sollten selbst bei Leo vorbeigehen und ihm die Neuigkeit mitteilen. Er spielt nämlich nicht Golf.»

Wie auch die ersten beiden Male hatte Charlie es nach Ende der letzten Lektion plötzlich eilig. Andrew brachte die beiden zur Tür und gab dem Manager die Hand. «Ich weiß, daß es bis zu Ihnen ziemlich weit ist, aber wenn Sie jemals in meine Gegend kommen, dann besuchen Sie mich doch bitte. Sie haben ja meine Telefonnummer. Ich werde Sie auch ganz sicher anrufen. Ich hoffe, daß Sie sich hin und wieder bei mir melden.»

«Das werde ich bestimmt», sagte der Manager.

Die Fahrt nach Hause war ebenso spektakulär wie die Hinfahrt. Dieses Mal hielt der Manager die Augen offen. Den einen Moment fuhr er von Andrews Tankstelle fort, und im nächsten befand er sich schon auf der Autobahn nicht weit von seinem Zuhause.

Dieser Übergang sei eigentlich ganz einfach, meinte Charlie. Er habe mit gekrümmten Raumebenen zu tun. Man müsse nur den Punkt finden, an dem man sich gerade befindet, dann die Stelle berühren, zu der man hinwill, und dann hinübergleiten. Die Sache mit der Nullzeit sei aber ein wenig schwierig. «Ich habe einmal nicht gut aufgepaßt und an einem Nachmittag zwei Jahrhunderte verloren. Die Menschen aus der Zeit waren nicht sehr glücklich, als ich da plötzlich auftauchte», schloß er seine Erklärungen gleichmütig.

«Ich bin froh, daß Sie mir erst jetzt von den Gefahren dieser Navigationsmethode erzählen», sagte der Manager, als Charlie ihn vor seiner Firma absetzte.

Der Manager konnte es kaum abwarten, endlich auch den dritten Geheimtip anzuwenden. Er berief eine Versammlung seiner Mitarbeiter ein. «Meine Damen und Herren», begann er, «wir haben Großes vor. Wir werden uns um ein Prozent verbessern. Lassen Sie mich erklären.»

Als die Zeit der Beförderungszeremonie auf dem Golfplatz herangekommen war, hatte der Manager in seiner Firma schon große Fortschritte mit seiner Aktion «Begeisterte Fans» gemacht. Er hatte nicht vergessen, Schritt für Schritt vorzugehen, und richtete sich nach der Regel des einen Prozent, was zur Folge hatte, daß alle Mitarbeiter voll hinter ihm standen. Denn die Veränderungen, die der Manager ansteuerte, waren zwar gewaltig, aber da behutsam vorgegangen wurde, fühlte sich niemand überfordert und bedroht.

Den Mitarbeitern leuchteten auch die Vorteile der Idee ein, Kunden zu begeisterten Fans zu machen. Sie nahmen sich fest vor, daß diese Aktion von Dauer sein und es sich dabei nicht nur um das übliche «Neue Programm des Monats» handeln würde, das normalerweise von der Direktion angeordnet wurde, nur um kurz darauf wieder abgesetzt zu werden.

Der Tag des Abschlußspiels auf dem Golfplatz war warm und sonnig, es wehte eine leichte Brise. Der Manager spielte sehr gut und war sicher, daß Charlie seine Zauberkraft anwandte, um ihn zu belohnen.

Als sie das letzte Loch hinter sich ließen, griff Charlie in die Seitentasche seiner Golftasche und zog ein kleines Kästchen heraus. «Würden Sie bitte so gut sein...» Er wandte sich an Sally.

«Gern», sagte sie und öffnete die Schachtel. Auf blauem Samt lag eine silberne Anstecknadel, die dem Manager sofort bekannt vorkam. Jeder der Menschen, die er mit Charlie zusammen besucht hatte, hatte eine solche Nadel getragen.

«Herzlichen Glückwunsch», sagte Sally und steckte ihm die Nadel an. «Sie erhalten hiermit die offizielle Bezeichnung ‹Charlie›, die höchste Auszeichnung, die es im Bereich der Kundenbetreuung gibt. Sie dürfen die Abkürzung ‹Chas.› hinter Ihren Namen setzen, können ‹Charlie-Preise› an Individuen und Organisationen verleihen und die drei Geheimtips, wie man Kunden zu begeisterten Fans machen kann, an alle, die Interesse haben, weitergeben.»

Jetzt hob Charlie seinen Golfschläger und berührte wie bei einem Ritterschlag erst die linke und dann die rechte Schulter des Managers. «Hiermit ernenne ich Sie zum Charlie mit allen Rechten und Privilegien, die dazugehören», sagte er mit ernster Stimme.

«Ich fühle mich sehr geehrt», antwortete der Manager. «Was sind denn meine Rechte und Privilegien?»

«Ja, also», sagte Charlie mit einem verschmitzten Lächeln, «Sie haben das Recht, mich jederzeit zu einem Golfspiel zu bestellen, und jetzt haben Sie das Privileg, uns allen einen Drink zu spendieren.»

Der Manager lachte. «Wie gesagt, ich fühle mich sehr geehrt.»

Bald saßen sie auf der Veranda des Clubhauses an einem runden Tisch. Bill hatte sich dem Golfspiel von Charlie, Sally, Andrew und dem Manager nicht anschließen können, war aber jetzt dazugekommen. Selbst Leo erschien, was alle für eine besondere Ehre zu halten schienen. Der Manager berichtete von den Neuerungen in seiner Firma, die aus Kunden begeisterte Fans machen sollten, und freute sich über die Glückwünsche und Ratschläge seiner neuen Freunde. Dann schwieg er, und die anderen schwiegen auch und sahen ihn erwartungsvoll an.

«Ich weiß nicht, wie ich Ihnen allen danken kann», sagte der Manager ernst. «Ich weiß, daß ich Sie jetzt zu meinen Freunden zählen kann. Es kommt mir vor, als ob wir eine Familie bilden. Sie haben mir mit Ihrem Wissen und Ihrer Freundschaft geholfen und haben nichts dafür verlangt.» Er schwieg und sah Charlie an. «Charlie, Sie sind mir Freund und Mentor gewesen. Ich hoffe sehr, daß wir in Verbindung bleiben.»

Charlie hatte trotz all seiner Erfahrungen als gute Fee nie gelernt, auf tief empfundene Gefühle zu reagieren, einfach, weil er selbst ein wenig sentimental war. «In Verbindung? Natürlich bleiben wir in Verbindung. Sie spielen doch immer noch Golf, oder? Selbstverständlich melde ich mich. Ich muß Ihren Werdegang doch noch eine ganze Weile weiterverfolgen, und dann treffen wir uns doch auch alle ganz regelmäßig. Ja, natürlich sehen wir uns wieder. Ich sehe Großes in Ihrer Zukunft, mein Freund, wirklich Großes.»

Der Manager lächelte. «Ich werde sehen, ob ich diese Vision plus ein Prozent verwirklichen kann, Charlie.»

«Ich bin sicher, daß Sie das können, ganz sicher», antwortete Charlie.

Und der Manager brachte eine Lawine ins Rollen. Bald stand sein Bezirk an erster Stelle der Verkaufsstatistik, und die Direktion erhielt Briefe von dankbaren Kunden, die so begeistert waren, daß sie «einfach schreiben mußten!»

Und eines Tages wurde der Bezirksleiter in die Zentrale gerufen. «Ich habe erfahren, daß einer unserer Geschäftsführer am Ende des Jahres in den Ruhestand treten möchte», sagte die Firmenchefin, «und der Vorstand bat mich, einen Nachfolger vorzuschlagen, der dann meine Stelle übernehmen kann, wenn ich mich in drei Jahren pensionieren lasse. Ich habe Sie vorgeschlagen. Sie sind ein Genie in Sachen Kundenbetreuung, und ich möchte, daß Sie für die ganze Firma tun, was Sie schon für Ihre Abteilung getan haben. Aber sagen Sie mir, wie werden Sie das anfangen?»

Der Manager lächelte erfreut. «Wie wäre es, wenn wir die Augen schließen und uns ein paar Minuten lang sehr intensiv die Kunden vorstellen, die unser Produkt verwenden?»

Ken und Sheldon sind begeisterte Fans von:

Richard L. M. «Dick» Dawson und ***Kerry L. Hawkins*** von Cargill Limited. Sie haben uns immer unterstützt, Vorschläge gemacht und uns mit Cargills kanadischem Managementteam ein Forum gegeben, an dem wir viele unserer Ideen ausprobieren konnten.

Hugh Goldie von Robert Thompson Partnerships. Er war der erste, der das Manuskript las und uns ausgezeichnete Ratschläge gab.

Chris Hemmeter von Hemmeter Partners. Er brachte uns bei, wie man sowohl auf Text wie auf Musik achtet.

Richard Kroft von der Tryton Investment Company Limited. Der Service seines Unternehmens, Controlled Environments Ltd., kann als ein ausgezeichnetes Beispiel dafür gelten, wie Kunden zu begeisterten Fans werden können.

Ted Ransby von der Great-West Life Assurance Company. Er hat uns immer wunderbar beraten und an seinen Erfahrungen teilhaben lassen.

Viele andere haben dieses Buch in den verschiedenen Stadien seines Entstehens gelesen und Vorschläge gemacht. Wir danken besonders ***Trevor Cochrane***, ***Carl Eisenbrenner***, ***Derek Johannson***, ***Ray Kives***, ***Bob May***, ***Michael Nozick***, ***Maureen Prendiville***, ***Hartley Richardson***, ***Ross Robinson*** und ***Jim Tennant***.

Ken und Sheldon möchten besonders den Einsatz hervorheben von:

Larry Hughes, der für seine Geduld, seine Unterstützung und seine perfekte Beherrschung der englischen Sprache in der Verlagswelt bekannt ist.

Bob Nelson, Vizepräsident von Blanchard Training and Development, Inc., ohne dessen redaktionelles Geschick und Hartnäckigkeit dieses Buch nie geschrieben worden wäre.

Margret McBride von der Margret McBride Literary Agency, die uns Freundin, Mitarbeiterin, Beraterin, Lehrerin und Vertraute zugleich war.

Rita Loewen, Sheldons Sekretärin, die geduldig das Buch in leserliche Form gebracht hat.

Eleanor Terndrup, ***Dana Kyle***, ***Dee Kelly*** und ***Dorothy Morris***, die als Mitarbeiter von Ken und Margie immer bereit waren, zu helfen und einzuspringen. Sie haben viele begeisterte Fans innerhalb und außerhalb der Organisation «Blanchard Training and Development».

Frances Bowles, die das Buch gelesen, bearbeitet und seine Entwicklung immer unterstützt hat.

Ian und ***Sandy McLandress***, die jahrelang Sheldon und Penny jeden Morgen um 6 Uhr zum Jogging vor dem Frühstück abgeholt haben. Sie sind mit uns in Schnee, Regen und auch Hitze gelaufen und haben immer wieder geduldig neue Ideen zu dem Buch, das zwischen San Diego und Winnipeg hin- und herpendelte, angehört und auch selbst gute Ratschläge gegeben.

Ken Blanchard hat einen starken Einfluß auf Menschen und Firmen im Hinblick auf Organisation und Management im täglichen Leben.

Von seiner Serie «One Minute Manager» wurden mehr als sieben Millionen Exemplare verkauft, die Bücher in mehr als zwanzig Sprachen übersetzt.

Zusammen mit Dr. Paul Hersey hat er das Lehrbuch «Management of Organizational Behavior» verfaßt, das jetzt in der fünften Auflage vorliegt. Er war Koautor von Dr. Norman Vincent Peales «The Power of Ethical Management», 1988.

Blanchard ist Vorsitzender von «Blanchard Training and Development, Inc.», einer Firma für Managementberatung und Managementtraining, die er 1979 mit seiner Frau Marjorie gründete. Er ist Professor an der Universität von Massachusetts in Amherst und Gastprofessor und Mitglied des Kuratoriums der Cornell University.

Sheldon Bowles begann seine berufliche Karriere als Reporter bei verschiedenen Medien wie «The Toronto Globe and Mail», «Time», «The Times» (London), «The Winnipeg Free Press» und dem kanadischen Rundfunk. Er ging dann zu «Royal Canadian Securities, Ltd.», um sich auf dem Gebiet der Wirtschaft weiterzubilden, und wurde dort Geschäftsführer und später stellvertretender Direktor. Fünfzehn Jahre lang stand er der «Domo Gasoline Corp. Ltd.» vor, die unter seiner und Senator Douglas Everetts Führung zu einer der größten Tankstellenketten Kanadas ausgebaut wurde. Zu einer Zeit, in der nahezu jede Tankstelle auf Selbstbedienung umstellte, gründete sich ihr Erfolg auf einer Fortführung und dem Ausbau einer zuverlässigen, schnellen und umfassenden Kundenbetreuung.

Sheldon verkaufte seinen Anteil an dem Geschäft vor ein paar Jahren, um noch etwas ganz Neues zu machen, bevor er fünfzig wurde. Er schreibt Artikel und Bücher, hält Vorträge vor verschiedenen Gruppen und Organisationen und gehört diversen Ausschüssen in Wirtschaft und Gemeindeverwaltung an.

Er ist ein begeisterter Fan von Penny, seiner Frau seit 26 Jahren, und von seinen Kindern, Kingsley und Patti, und verbringt seine Zeit abwechselnd in einem Haus in Winnipeg und Sommerhäusern in Kenora und Willard Lake in Ontario.

Management, Büro & Business

Kenneth Blanchard / Donald Carew / Eunice Parisi-Carew
Der Minuten-Manager schult Hochleistungsteams
(rororo sachbuch 60167)
Die zielgerichtete Anleitung, um aus einem «wilden (oder lahmen) Haufen» ein Spitzenteam zu formen.

Kenneth Blanchard / William Oncken / Hal Burrows
Der Minuten-Manager und der Klammer-Affe *Wie man lernt, sich nicht zuviel aufzuhalsen*
(rororo sachbuch 60166)

Kenneth Blanchard / Spencer Johnson
Der Minuten-Manager
(rororo sachbuch 60165)
Anschaulich und konkret: die Grundlagen für erfolgreiches Management.

Kenneth Blanchard / Sheldon Bowles
Wie man Kunden begeistert *Der Dienst am Kunden als A und O des Erfolges*
(rororo sachbuch 60164)
Der pfiffige Ratgeber hilft, aus Zufallskäufern Stammkunden zu machen.

Spencer Johnson
Eine Minute für mich
(rororo sachbuch 60169)
Glücklich kann nur werden, wer den Ausgleich zwischen Privatleben und Beruf findet.

Spencer Johnson / Larry Wilson
Das Minuten-Verkaufstalent
(rororo sachbuch 60168)
«Sinnvoll verkaufen» mit Hilfe des Geheimnisses der «Selbstführung».

rororo sachbuch

René Bosewitz / Robert Kleinschroth
Manage in English *Business English rund um die Firma*
(rororo sprachen 60137)
Better than the Boss *Business English fürs Büro*
(rororo sprachen 60138)
How to Phone Effectively *Business English am Telefon*
(rororo sprachen 60139 / Buch mit Audio-CD 60146 / Toncassette 60147)

Ingo Steinhaus
Online-Dienste sicher nutzen
(rororo computer 9849)

H. Erlenkötter / V. Reher
Microsoft Network
(rororo computer 9842)
Von Konfiguration bis Kostennutzung: Der Grundkurs zum raschen Einstieg in die Welt der Netze.

G. Hooffacker / P. Lokk
Online-Guide Beruf & Business
Findig reisen in den Netzen
(rororo computer 9852)

3610/1

psychologie aktiv

Die praktische Psychologie ist traditionell ein Schwerpunkt im Sachbuch bei rororo. Autoren wie Wolfgang Schmidbauer, Jürg Willi, Reinhard Tausch oder Friedemann Schultz von Thun geben mit praxisorientierten Ratgebern Hilfestellung bei privaten und beruflichen Problemen.

Spencer Johnson
Ja oder Nein. Der Weg zur besten Entscheidung *Wie wir Intuition und Verstand richtig nutzen*
(rororo sachbuch 9906)

Ursula Lambrou
Helfen oder aufgeben? *Ein Ratgeber für Angehörige von Alkoholikern*
(rororo sachbuch 9955)

Ellen J. Langer
Fit im Kopf *Aktives Denken oder Wie wir geistig auf der Höhe bleiben*
(rororo sachbuch 9509)

Erhard Meueler
Wie aus Schwäche Stärke wird *Vom Umgang mit Lebenskrisen*
(rororo sachbuch 8540)

Frank Naumann
Miteinander streiten *Die Kunst der fairen Auseinandersetzung*
(rororo sachbuch 9795)

Wolfgang Schmidbauer
Liebeserklärung an die Psychoanalyse
(rororo sachbuch 8839)
Weniger ist manchmal mehr *Zur Psychologie des Konsumverzichts*
(rororo sachbuch 9110)

rororo sachbuch

Friedemann Schulz von Thun
Miteinander reden 1 *Störungen und Klärungen. Allgemeine Psychologie der Kommunikation*
(rororo sachbuch 8489)
Miteinander reden 2 *Stile, Werte und Persönlichkeitsentwicklung. Differentielle Psychologie der Kommunikation*
(rororo sachbuch 8496)

Reinhard Tausch
Hilfen bei Streß und Belastung
(rororo sachbuch 9511)

Shelley E. Taylor
Mit Zuversicht *Warum positive Illusionen für uns so wichtig sind*
(rororo sachbuch 9907)

Jürg Willi
Ko-Evolution *Die Kunst gemeinsamen Wachsens*
(rororo sachbuch 8536)

Ein Gesamtverzeichnis aller lieferbaren Titel der *Rowohlt Verlage* und des *Wunderlich Verlags* finden Sie in der *Rowohlt Revue*. Jedes Vierteljahr neu. Kostenlos in Ihrer Buchhandlung.

psychologie aktiv

Laurie Ashner / Mitch Meyerson
Wenn Eltern zu sehr lieben
(rororo sachbuch 9359)

Karola Berger
Co-Counseln: Die Therapie ohne Therapeut *Anleitungen und Übungen*
(rororo sachbuch 9954)
Co-Counseln bedeutet: sich gegenseitig beraten. In dieser neuen Form der «Laien-Therapie» finden sich zwei Menschen zum therapeutischen Gespräch zusammen. Das Buch vermittelt mit leicht verständlichen Anleitungen und einfachen Übungen die Grundlagen und Techniken dieser neuen Methode.

Klaus Birker / Barbara Schott
Den Job will ich haben! *Die erfolgreiche Bewerbung NLP – das Psycho-Power-Programm*
(rororo sachbuch 9986)
Mit Hilfe der Techniken des Neuro-Linguistischen Programmierens, kurz NLP, kann man in kürzester Zeit lernen, sich optimal auf Bewerbungssituationen vorzubereiten. Die in diesem Buch vorgestellten Übungen sind leicht anwendbar, effektivitätsorientiert und im Management erprobt.

Robert M. Bramson
Schwierige Leute – und wie man am besten mit ihnen umgeht
(rororo sachbuch 8727)

Diane Fassel
Ich war noch ein Kind, als meine Eltern sich trennten ... *Spätfolgen der elterlichen Scheidung überwinden*
(rororo sachbuch 9984)

rororo sachbuch

Daniel Hell
Welchen Sinn macht Depression?
Ein integrativer Ansatz
(rororo sachbuch 9649)

Karin Mager
Fair und selbstbewußt miteinander reden *Wie Sie Konflikte meistern*
(rororo sachbuch 60106)
Dies ist kein Programm für Harmoniesüchtige, die sich gegenseitig kein Härchen krümmen können, sondern eines für jedermann und jedefrau, die schwierige Gespräche selbstbewußt führen und Konflikte fair lösen wollen.

Tim Rohrmann
Junge, Junge – Mann, o Mann
Die Entwicklung zur Männlichkeit
(rororo sachbuch 9671)

Ian Stuart-Hamilton
Die Psychologie des Alterns
(rororo sachbuch 9516)

Fit im Kopf

Intelligenter, einfallsreicher, kreativer werden, der Vergeßlichkeit in zunehmendem Alter vorbeugen und entgegenwirken: praktische Ratgeber für ein gezieltes Training des Gedächtnisses.

Kathleen Gose / Gloria Levi
Wo sind meine Schlüssel?
Gedächtnistraining in der zweiten Lebenshälfte
(rororo sachbuch 8756)
Die Autorinnen dieses praktischen Ratgebers haben ein Programm entwickelt, das ein gezieltes Training des Gedächtnisses ermöglicht. Nebenbei werden auf anschauliche Weise Funktionen und Leistungen des Gedächtnisses erklärt.

Raymond Hull
Alles ist erreichbar *Erfolg kann man lernen*
(rororo sachbuch 6806)

Walter F. Kugemann /Bernd Gasch
Lerntechniken für Erwachsene
(rororo sachbuch 7123)

Ellen J. Langer
Fit im Kopf *Aktives Denken oder Wie wir geistig auf der Höhe bleiben*
(rororo sachbuch 9509)
Ein psychologisches Sachbuch – spannend, manchmal witzig, wissenschaftlich fundiert und trotzdem handfest praxisbezogen –, das mehr Licht in unser Leben bringt und mehr Leben in unseren Alltag.

Hans-Jürgen Eysenck
Intelligenz-Test
(rororo sachbuch 6878)

rororo sachbuch

Ernst Ott
Das Konzentrationsprogramm
Konzentrationsschwäche überwinden – Denkvermögen steigern
(rororo sachbuch 7099)
Optimales Denken
Trainingsprogramm
(rororo sachbuch 6836)
Optimales Lesen *Schneller lesen – mehr behalten. Ein 25-Tage-Programm*
(rororo sachbuch 6783)

Wolfgang Zielke
Konzentrieren – keine Kunst
Ratschläge und Übungen für den Alltag
(rororo sachbuch 9556)
Der Autor zeigt, wie man seine Konzentrationsfähigkeit durch Veränderungen des eigenen Verhaltens und Arbeitens erhöhen kann. Er bietet eine vergnügliche und leicht zu lesende Sammlung von hilfreichen Ratschlägen und Tips.

3606/1

Die 100 des Jahrhunderts

Menschen, die die Welt bewegten
Wer waren die wichtigsten Persönlichkeiten, die das 20. Jahrhundert bestimmt haben? Eine neue Reihe bei *rororo handbuch* stellt die «100 des Jahrhunderts» mit Bild und biographischen Porträts in kompakter, präziser Form vor. Die Bücher bieten mehr Information als gewöhnliche Lexikon-Artikel und sind hilfreich für alle, die privat oder beruflich schnelle Informationen benötigen.

Die 100 des Jahrhunderts: Politiker
(rororo handbuch 6450)
Sie haben den Lauf der Welt bestimmt, ihre Namen sind mit Krieg und Frieden, mit politischen Systemen und sozialen Konflikten, mit internationalen Bündnissen und wirtschaftlichem Aufstieg verknüpft.

Die 100 des Jahrhunderts: Naturwissenschaftler
(rororo handbuch 6451)

Die 100 des Jahrhunderts: Fußballer
(rororo handbuch 6458)
Ihre Tore und Paraden begeisterten Millionen, ihre Niederlagen und Schicksale bewegten ganze Völker.

Die 100 des Jahrhunderts: Sportler
(rororo handbuch 6453)
Sie ziehen Millionen Menschen in aller Welt in ihren Bann – mit Höchstleistungen und Rekorden auf Bahnen und Pisten, in Hallen und Stadien.

rororo handbuch

Die 100 des Jahrhunderts: Filmregisseure
(rororo handbuch 6452)
Ihre Filme entführen in Bildwelten, deren Faszination sich niemand entziehen kann.

Die 100 des Jahrhunderts: Komponisten
(rororo handbuch 6457)

Die 100 des Jahrhunderts: Schriftsteller
(rororo handbuch 6455)

Die 100 des Jahrhunderts: Unternehmer und Ökonomen
(rororo handbuch 6454)

Die 100 des Jahrhunderts: Filmstars
(rororo handbuch 6459)
Ohne seine Heldinnen und Helden wäre der Film ein nur mäßig aufregendes Spektakel. Seit den Anfängen begeistern jedoch die Stars ihr Publikum, sie sind die Ikonen unseres Jahrhunderts geworden. Hier treten sie auf, die eleganten Divas und die unwiderstehlichen Herzensbrecher, die großen Schauspieler und die einsamen Heroinnen.

3530/3